AF341337

INSTRUCTION

POPULAIRE.

LA SCIENCE

OU

LES DROITS

ET

LES DEVOIRS DE L'HOMME,

PAR L. D. H.

OUVRAGE EN IV PARTIES.

CONTENANT

1°. LA VIE NATURELLE DE L'HOMME.
2°. SA VIE AGRICOLE.
3°. SA VIE SOCIALE.
4°. SA VIE POLITIQUE.

AUGMENTÉ D'UN

DIALOGUE

ENTRE

M^{rs}. DE P. ET L. D. H.

A LAUSANNE,

Chez FRANÇOIS GRASSET & COMP.

M. D. CC. LXXIV.

AVIS
DES ÉDITEURS.

Cet ouvrage a été demandé à l'auteur par des Souverains qui veulent établir dans leur pays l'instruction populaire, générale & perpétuelle, sur LES DROITS ET LES DEVOIRS DE L'HOMME. Une copie de son manuscrit nous étant tombée entre les mains, nous avons crû rendre service à l'humanité en le publiant par la voye de l'impression.

Nous croyons devoir avertir le public, que nos presses rouleront à l'avenir sur des Ouvrages de goût ; les éditions que nous avons faites des Ouvrages de Messieurs DE HALLER & TISSOT, celle que nous faisons de toutes les Oeuvres de Monsieur DE VOLTAIRE, dont il y a déja 36 volumes d'imprimés sur du très beau papier de France (nouvelle édition qui sera absolument complette, vû que si l'auteur donne de nouveaux ouvrages pendant sa vie, & si l'on en publie après sa mort, nous ne manquerons pas de les imprimer,) & de nombre d'autres Ouvrages, nous mériteront, si nos espérances sont bien fondées, l'estime & la bienveillance des gens de Lettres & de toutes les personnes de goût. Notre imprimerie est assortie de beaux caractères neufs, & notre librairie est assez considérable, puisqu'elle consiste en plus de 6000 articles diférens, en Latin, François, Espagnol, Italien & Anglois, avec les prix vis-à-vis de chaque article; nous en fournirons le Catalogue aux personnes qui le désireront, s'ils prennent la peine de nous donner leur adresse.

Nous sommes très à portée de fournir de quoi former des Bibliothèques, & de bien assortir celles qui sont déja formées; les correspondances que nous avons établies dans toutes les grandes villes de l'Europe, les connoiſſances que nous avons aquiſes pendant dix années de voyages, nous mettent à même d'exécuter les commiſſions que l'on poura nous donner. Nous procurerons auſſi les livres qui ne ſeront pas ſur nos Catalogues, moyennant que l'on en donne les titres bien précis ; enfin nous ne négligerons rien de tout ce qui poura nous mériter la bienveillance du Public que nous ſervirons toujours à des prix très moderé.

FRANÇOIS GRASSET & COMP.
Libraires & Imp. à LAUSANNE
en Suiſſe.

EXTRAIT

DES

ÉLOGES DES HOMMES

A CÉLÉBRER.

ARTICLE DE FENELON.

Seroit-il possible, se dit une ame susceptible d'humanité, & par conséquent affligée de sentimens d'inquiétude sur le sort commun; seroit-il possible que l'homme ne sût rien, qu'il vécût dans sa simplicité primitive, dans une habitude douce de chercher à paître, à reposer, à caresser sa femelle, à soigner avec elle ses petits, à danser avec ses compagnons, à se les attacher par la réciprocité des services. En supposant que ce tableau de mœurs innocentes, qu'on a feint d'avoir été celles des peuples heureux de l'ancienne Bétique, pût être réalisé en un climat dont la douceur semble inviter les hommes à l'imiter, en seroit-il de même sous un ciel dont les rigueurs semblent exiger de l'homme, soit le travail, soit le repos, forcés l'un & l'autre, la séparation, le courage & l'opiniâtreté ? Dans les cantons mêmes les plus favorisés de la rosée du ciel & de la graisse de la terre, si la terre d'abord semble prévenir les besoins de l'homme, la multiplication de son espèce, la progression de la population ne le forcera-t-elle pas à la fin aux travaux productifs, à l'invention, à l'induſtrie cultivatrice ?

Il eſt, il ſera donc partout néceſſaire, tôt ou tard, que l'homme s'inſtruiſe au niveau de ſes beſoins. Son intelligence peut & doit
être regardée comme un de ſes organes phyſiques autant que comme
une de ſes facultés morales. L'homme, ſa femme & quatre enfans,
ſont ſix eſtomacs ſéparés par la nature ; mais la nature, par l'intelligence & le ſentiment, ne fait qu'un
de ces ſix. Dès lors il faut ſix dî-
ners. Le même beſoin s'étend à
l'infini de la ſorte ; & ce n'eſt encore ici que la première néceſſité.
Si diſtinguant les néceſſités abſo-
lues des beſoins eſſentiels & ſubſé-
quents ; ſi paſſant de ceux-ci aux
déſirs naturels, à ceux d'imitation,
à ceux d'émulation & de recherche qui tous ſont dans la nature
& qui y ſont bien, nous exa-

minons quelle doit être & devenir indifpenfablement la progreffion des efforts & des fuccès de notre intelligence felon l'ordre ; fi quelques travers, fi quelque défordre, effet d'un écart de notre intelligence même, ne s'y oppofe, nous conviendrons qu'il eft impoffible de donner d'autre barrière à la perfeétibilité intelleétuelle de l'homme, que celle que lui ont prefcrite la nature & fon auteur.

Je dis plus : c'eft que l'homme, au fein de la jouiffance, du repos & de la fatieté, élève de lui-même fes penfées. Si dans des climats, extrêmes dans l'un & l'autre genre on a trouvé des peuplades prefque entiérement abruties : fi des familles, trompées fans doute par quelqu'un de ces malheureux fratricides qui penfent que pour affoupir l'homme il faut l'hébéter, écrafent

la tête molle de leurs enfans & di-
forment leur intelligence, ce petit
nombre d'exemples ne prouve pas
plus que la convoitife des connoif-
fances & des idées foit hors de notre nature, que le petit nombre de
fols qui nous paroiffent nés féroces
& malfaifans ne prouve que le fentiment d'inftinct du jufte & de l'injufte foit étranger à notre nature &
chez nous de convention. Non feulement donc, l'aiguillon du befoin
éveille l'intelligence humaine, qui
partout fut d'abord fe faire un abri
fucceffivement & fur la même bafe devenu chaumière, maifon, pa-
lais & tour de Babel, fimbole de
notre orgueilleux délire, mais encore penfer, obferver & retenir eft
l'emploi naturel du loifir de l'homme, devenu aftronomie dans les plaines de la Chaldée au fein de la vie
paftorale, uniquement vouée au foin

paisible de garder ses troupeaux.

Si l'homme lâche, ou détourné par de pénibles travaux, se rebute de chercher & renonce à savoir, il est au-dessus de son pouvoir de renoncer à croire; moins il exerce la faculté de connoître, plus il s'attache à celle d'affirmer : il peut se refuser à la science, mais non pas échapper à l'opinion. Les plus grossiers de tous les mortels sont toujours les plus superstitieux & les plus crédules : les songes, les magiciens, les phantômes, les revenans & les vampires occupent les têtes où la science ne peut entrer. La crainte & l'espérance, souvenirs du mal & du bien qui alternent notre vie, la crainte & l'espérance disposent souverainement de l'homme, qui peut laisser encrouter son entendement, mais qui ne sauroit éteindre sa mémoire & sa sensibi-

lité physique, & le livrent en es-
clave à l'impulsion du premier im-
posteur qui saura en imposer à son
imagination toujours étonnée, &
par elle disposer de son instinct.

D'après ce fondement, il a toujours fallu tromper les hommes,
ou les éclairer pour les conduire.
Mais ceux qui n'ont voulu que les
séduire ne les ont pas menés loin.
Tous leurs guides sans doute, tant
les mauvais que les bons, ont voulu les réunir, car l'homme farou-
che & isolé n'est bon à personne &
peut être méchant à tous ; mais
ceux qui les ont trompés plus ou
moins grossièrement, soit par erreur soit par volonté, n'ont fait que
des peuplades grossières, ou pour
mieux dire, ont contredit la nature, (qui fait bien réunir les hommes sans nous) de manière que ces
peuplades, défigurées, bornées &

affujetties à tous les maux qu'elles aggravent par leurs ufages barbares, femblent accufer la nature & flétrir l'efpèce du fceau de la dégradation. Des hommes infpirés, foit par les élans d'une ame privilégiée, foit par des rapports plus directs avec la Divinité, fondèrent quelques fociétés fur le *devoir filial* & fur les *rites fraternels*; & leurs conftitutions réuffirent & durèrent plus ou moins, en raifon de ce qu'ils fe rapprochèrent plus ou moins du dernier de ces deux principes.

A l'égard du premier de ces mobiles, tout légiflateur digne de ce nom, loin de vouloir ravaler l'homme, chercha au contraire à l'elever jufques aux motifs les plus fublimes. Tous fondèrent leur inftitution première fur le refpect de la religion. Peu-être me feroit-il permis de dire (puifque les faits l'ont prouvé) qu'ils ne fentirent pas affez que ce lien devoit embraffer, unir en un feul tout la maffe entière conftitutive : que fitôt que dans la législation temporelle un chainon quelconque tiendroit du privilège, de l'exception, l'homme, qui, malgré lui-même, fouvent renferme dans fon ame l'infaillible & l'indélébile écho du jufte & de l'injufte, fentiroit involontairement même que ce qui répugne à l'égalité naturelle n'eft pas de notre commun père, n'eft pas de Dieu ; & que bientôt, uniquement touché de l'incommodité préfente & de la prétendue injuftice du jour, il pafferoit du défintéreffement civil & du murmure, à la réfiftance morale, à l'irréligion, ou tout au moins, à la religion purement extérieure qui n'eſt plus qu'erreur.

Ce mal devoit paroitre imminent à tout légiſlateur, qui, ſemblable à l'architecte à qui tout ſon édifice eſt préſent au moment où il poſe la première pierre, doit voir les hommes & les beſoins ſe multiplier à l'infini ſous ſa loi, & par conſéquent ſe croiſer & ſe combattre en apparence. Le remède à ce mal étoit d'appuyer ſur le ſecond des deux liens que nous avons établis ci-deſſus, à ſavoir *les principes & les rites fraternels*, de les ſaiſir, de s'y coller & de ne jamais plus les perdre de vue. Ce remède eſt ſans doute facile à preſcrire : mais où ſe trouve le moyen de l'exécuter ? Comment éviter l'inégalité des conditions dans une ſociété qui s'étend & ſe corrobore, & qui par conſéquent s'enrichit ? Comment empêcher que cette inégalité ne sépare les individus & surtout les mœurs? Comment faire pour que le plus riche & le plus délicat d'un grand État fraternise de goûts, de mœurs, de jouissances & de langage avec le plus pauvre ? Ce projet que nous nommerions platonique (si Platon, ce beau, ce noble, cet heureux génie, pour s'être joué, selon l'usage de son tems, à ébaucher les constitutions d'une communauté non célibataire, méritoit d'être dénoncé comme le syndic des songes creux) cette idée, dis-je, ne sauroit trouver place dans une tête sage. Ainsi donc il faut renoncer à ce mobile encore, & par cela même il faut abandonner le premier. Point de respect filial maintenu, s'il ne prend sa source dans la religion, dans le profond & dévoué respect pour le premier père. Point de religion fentie, avouée, obfervée, fi la loi temporelle qui en dérive & qui la profeffe n'embraffe & ne fomente également tous les enfans du père univerfel. Cependant point d'égalité phyfique entre le befoin & l'abondance, entre la néceffité & le fuperflu. Point de fociété dont l'effet naturel & profpère ne foit d'amener ces inégalités immenfes, & de les pofer fur la tête d'hommes deftinés à vivre en préfence les uns des autres, individus frères égaux devant la nature, fils égaux devant fon auteur, & toutefois fi partialement traités par la fociété.

Tirez-vous de là fi de bonne foi vous le pouvez, philofophes orgueilleux, qui, les flambeaux à la main, avancez fi audacieufement dans le dédale de la politique. Sortez, s'il eft poffible, de ce cercle d'inconvéniens. *Trifte état de la nature humaine*, s'écrioit Fénelon, dont le génie, aussi étendu qu'il étoit modeste, avoit d'un coup d'œil parcouru peut-être tous les périodes de dégradations nécessairement résultants des progrès mêmes de notre perfectibilité possible. *Triste état de la nature humaine*, répéterions-nous avec lui, si nous n'avions à cet égard d'autre guide que ceux qu'on avoit de son tems; s'il nous falloit en un mot chercher le pivot éternel des sociétés & des empires dans le cerveau d'un législateur. Mais l'ordre naturel, retrouvé depuis par les hommes, hélas jusques-là plus malheureux encore que coupables, nous sert aujourd'hui de boussole. Il nous rappelle, il nous rassemble, il nous montre sur quelle sorte de bien nous devons une égale légitime à tous nos frères, portion avec laquelle ils recevront enfemble la liberté, l'encouragement, la concorde, la dignité, la réfignation & la paix.

Nous prévoyons, dira-t-on, le terme & le nœud de vos diverfes promeffes. Toutes fe réfument en un point & aboutiffent à une méthode, *l'inftruction*. Mais fera-ce en ceci que vous efpérerez retrouver l'égalité individuelle, & penfez-vous que tous les hommes reçoivent en naiffant de la nature les mêmes avances pour l'inftruction ? Non fans doute : la nature libérale, pour multiplier fes dons fur l'humanité qu'elle chérit & gratifie en maffe felon l'ordre du créateur par le moyen de la réunion de toutes les qualités individuelles, toutes deftinées à fervir à l'avantage du tout, la nature a départi fes dons fur les diférentes têtes de manière que nul n'a tout, & que nul n'eſt privé de tout. Quand enſuite les arrangemens humains, s'écartant de ſes vues naturelles, ont bâti ſur la cupidité & ſur la folie, telles ou telles autres facultés ont été prédominantes ſelon les tems. La force & l'activité ont prévalu dans l'attaque, la fraude & la ſoupleſſe dans l'aſſujettiſſement : toutes ces qualités offenſives devenant par cela même excluſives, ces ſortes de moyens iſolés & privés de l'appui de tous les autres n'ont fondé que des fortunes peu durables ; mais pendant le cours de leur régne éphémère, elles ont à nos vues bornées pris le caractère de l'éternelle prédomination. Vaines illuſions ! qu'on accorde à l'injuſtice l'éclat, ſi l'on veut, elle ne ſauroit du moins prétendre à la durée. Tout eſt écueil, je le ſais, pour les petites fortunes ; mais pour les grandes, tout eſt révolution.

Sans profiter néanmoins de l'avantage que j'aurois à démontrer dans tout ceci la fausseté de nos poids & de nos mesures d'opinions ; combien les dons qui nous paroissent les plus privilégiés sont dépendans de ceux que nous croyons être les moindres ; combien l'instinct du ver à soye & celui du *murex* sont nécessaires au dais qui couvre & réhausse la majesté royale. J'accorde que les lots physiques ne sont point égaux selon la nature, & que tout homme ne nâquit pas également propre à recevoir & à faire valoir l'instruction. Pourquoi cela ? C'est que l'instruction doit se plier aux plans de la nature, & non pas la nature se soumettre à nos plans factices d'instruction. Or l'instruction que nous recommandons, que nous indiquons, que nous enseignons, c'est celle qui

doit

doit fixer les incertitudes de l'esprit, guérir les angoiffes du cœur & les anxiétés de l'ame, celle qui bannit les rêves de la politique, & qui les remplace par la connoiffance des loix de la nature, celle-là, dis-je, eft de la nature même, interprête & exécutrice des plans auguftes & immuables de fon Suprême Auteur.

Cette fcience modefte eft telle qu'elle convient à la créature admife à connoitre & à fuivre par choix les ordres de fon créateur; loin de prétendre, ainfi que font nos lueurs métaphyfiques, à faire defcendre du ciel, la morale fur la terre nous apprend au contraire à faifir à nos pieds fes premiers rayons réduits en autant de racines, à les fuivre à leur tige, à les voir s'étendre en rameaux, & de-

là se déployant en festons, porter
jusques au trône de l'Eternel les
vœux & l'encens de notre obéissance éclairée & religieuse. La morale en un mot, (qui n'est rien
si elle ne nous apprend à connoitre l'ordre & à nous y tenir) embrasse en un même tout le ciel &
la terre. Mais c'est en partant de
la terre qu'il est donné à l'homme
en général, & abstraction faite de
toute grace particulière, de parcourir le cercle sphérique qui lui
appartient dans ce tout, & non pas
en allant tenter un vol incertain
& téméraire, & fondre les aîles
de son intelligence au soleil de
l'infini.

Notre science ramène donc l'homme d'abord au grain de bled, à sa
subsistance ; elle l'instruit par l'organe de ses besoins. Ceux-ci lui

indiquent fon intérêt, & fon intérêt embraffe tout fon devoir. Celui-ci eft étroitement lié à fes droits.
La *nature* donc & fes *avances*, nos
befoins & nos *intérêts*, nos *droits*
& nos *devoirs*, *la propriété* enfin
qui, dans toute fon étendue & fes
fubdivifions, eft le réfultat de toutes ces chofes ; voilà l'homme tout
entier, voilà fa fcience, voilà fa
politique, voilà le ciel & la terre
pour lui. Or en prenant ainfi l'inftruction, marchant pied à pied,
toujours appellant l'intelligence,
jamais n'invoquant l'autorité, ayant
pour démonftrateur l'évidence, &
pour catéchifte le pot au feu, peut-
être qu'il fe trouvera moins, &
infiniment moins qu'on ne croit,
d'hommes incapables de faifir &
d'embraffer les élémens de cette
fcience.

Son premier éfet néanmoins eft, en éclairant l'homme naturel fur la fource & fur l'effence de fes droits, de réconcilier l'homme focial avec fes femblables par la connoiffance des droits de tous. Le pauvre voit que le riche n'a comme lui que fa propriété qui ne fauroit jamais être excluſive; que ce riche ne peut jouir de fa fortune que par une diftribution qui la fubdivife en autant de propriétaires que fon revenu renferme de parts; que tout ce qui attaque cette fortune s'attaque à la propriété de tous. Le riche beaucoup moins attentif, & cependant plus expofé & moins tranquille, reconnoit pourtant (fi l'inftruction du moins le faifit dès l'enfance) qu'il n'eft lui-même qu'un canal de diftribution; qu'il ne peut, fans fe nuire à lui-

même, en intercepter la marche régulière; que cette marche régu-lière eft dans la juftice, & que la léfion du plus pauvre le bleffe & l'appauvrit d'un des arcs-boutans de fa propre richeffe; tous apper-çoivent clairement que c'eft le riche qui fait vivre le pauvre, & le pauvre qui empêche le riche de mourir. Chacun ainfi démêle aifé-ment fes rapports avec tous, tant au deffus qu'au deffous de lui. Ainfi, de grade en grade & fans intermédiaire, du plus petit au plus grand, fe démêlent aifément les rapports qui embraffent & lient toute la famille nationale; & de même, de nation à nation, le nœud préordonné, qui lie les intérêts d'un individu à l'autre, étreint & ra-proche l'efpèce entière, & la con-fond dans un feul & même intérêt.

Ce n'eſt point ici le lieu de re-tracer toute la membrure ſociale qu'établit la politique économique, ſimple interprête de l'ordre naturel : elle eſt clairement détaillée dans pluſieurs ouvrages, & rappellée en cent endroits de celui-ci. Qu'il nous ſuffiſe d'avoir ici préſenté,

1°. Qu'il eſt impoſſible de tenir l'homme dans la ſtupidité méchanique & tranquille, & que qui le refuſe à la vérité le livre à l'erreur.

2°. Que l'erreur réſultera toujours des éforts mêmes qu'on fera pour la bannir, parce qu'on ceſſe de s'entendre ſitôt qu'on s'éloigne, & que la proſpérité ſociale, ſuite des bonnes loix fondamentales, établit & rend chaque jour plus choquante l'inégalité des fortunes, abrutit & irrite le pauvre, affaiſſe

& endurcit le riche , & fépare ainfi de fait ce que la loi fociale voulut unir.

3°. Qu'il n'y a de remède à cette détérioration phyfique qui rend le bien préfent, principe & caufe néceffaire du mal futur, que l'inftruction.

4°. Mais que cette inftruction doit être telle qu'elle foit propre à tous, facile & intéreffante pour tous.

5°. Qu'une telle fcience n'eft point de l'homme, mais de la nature elle-même, mère commune & impartiale de tous, & qu'elle renferme la connoiffance des loix de l'ordre naturel rélatives à la confervation, à la multiplication & à la profpérité de l'efpèce humaine.

6°. Que celle-ci montre à cha-

cun fes droits & fes devoirs, la
communauté des biens, la néceffité
des rapports entre les hommes,
leurs travaux & leurs dépenfes,
pour transformer les biens en richeffes, l'adhérence effentielle de
toutes les fortunes entr'elles, & ra-
prochant ainfi les individus, les
profeffions, les fortunes & les conditions diverfes, non feulement
peut & doit perpétuer l'ordre public & focial par la perpétuité de
l'inftruction, mais encore de nation
à nation, d'empire à empire, peut
& doit perpétuer l'union, la concorde & la profpérité humaine,
felon la volonté divine, dans tout
l'univers.

Telle eft la bafe, tel eft l'appui
de notre prétendu fyftême. On va
voir ci-deffous la déduction des premiers élémens de cette fcience,

fous une forme différente de plufieurs autres qui ont déja été données de la même main. On la préfente fous la forme de différens
cours, parce qu'en éfet il en faut
pour le peuple deftiné aux travaux
méchaniques, nul homme ne devant être privé de la connoiffance
de fes droits, & marqué par cela
même de l'empreinte d'ennemi de
tous. L'idée de l'auteur fut que le
premier cours fuffit à ceux-là, &
que les cours fuivans inftruifent
fucceffivement les hommes plus
portés à l'étude & qui jouiffent de
plus de loifir, toujours progreffi-
vement jufqu'à ceux qui fe defti-
nent aux emplois de l'adminiftra-
tion, à qui toute la fcience doit
être familière.

Au refte on n'a pas prétendu
offrir ici une forme d'inftruction

propre à tous les peuples, ni peut-
être même qui convienne à aucun,
on a voulu seulement ouvrir la
voye & obéir aux pères des peuples.

COURS

COURS

D'INSTRUCTION

POPULAIRE.

PREMIERE PARTIE.

LA

VIE NATURELLE

DE L'HOMME.

DEMANDE. QUelle est la voye de servir Dieu dans ses occupations purement temporelles?

RÉPONSE. C'est d'obéir exactement à l'ordre de la nature.

A

D. Qu'eſt-ce que l'ordre de la nature ?

R. C'eſt l'ordre de la conſervation des êtres créés.

D. Qui eſt-ce qui leur annonce cet ordre ?

R. C'eſt le beſoin.

D. Et qu'eſt-ce que le beſoin demande de l'homme ?

R. C'eſt de manger, dormir, ſe repoſer, ſe vêtir, & faire en un mot tout ce que la nature exige.

D. Eſt-ce donc là le devoir de l'homme ?

R. Sans doute, & c'eſt le premier de tous, puiſqu'il n'en ſauroit remplir aucun autre qu'après ceux-là.

D. Quels moyens a-t-il pour s'aquitter de ce devoir ?

R. Le beſoin les lui indique.

D. J'entends bien que pour manger & pour dormir, il suffit d'avoir
faim & fommeil, & le befoin ne donne que cela. Mais il faut avoir de-
quoi manger pour vivre, & il faut
avoir mangé pour dormir après. Quels
font les moyens de l'homme ?

R. Son travail ou fes avances.

LES AVANCES.

D. QU'appellez-vous des avances ?

R. Des provifions, ou un amas de
chofes propres à fatisfaire nos befoins
ou de quoi fe les procurer.

D. Et quand les provifions font
finies ?

R. Elles ne finiffent point, car le
travail les renouvelle à mefure qu'on
les confomme.

D. Mais qui fait donc des avances
à un enfant qui n'a ni provifions, ni
force pour travailler ?

R. Son père, à qui il doit ainfi
doublement la vie.

D. Mais de père en père, qui eft-ce
qui a fait les provifions du premier?

R. Ce furent les fruits épars fur la
terre, ou les beftiaux qu'on y trouva.

D. Il ne fut donc pas enfant comme les autres ?

R. La religion nous apprend que le
premier homme fut créé d'abord avec
la force & la grandeur où les enfans
parviennent depuis avec l'âge. Sans
cela il eut fallu que Dieu l'eut fait
allaiter par une chévre, & cette chê-
vre lui eût tenu lieu de mère, & lui
eût fait les avances qu'exigent conti-
nuellement fes befoins, jufqu'au tems

qu'il auroit pu travailler à les chercher.

D. Les avances font donc néceffai-res d'abord pour que nous puiffions vivre avant que de pouvoir travailler ?

R. Elles font indifpenfables, & elles doivent même être toujours renou-vellées pour que nous puiffions con-tinuer à vivre.

D. Et cette continuation d'avances, qui eft-ce qui nous la procure ?

R. Je vous l'ai dit : nos pères & mères d'abord, & enfuite notre tra-vail qui en fait naître, ou qu'on nous paye pour en acheter.

DROITS ET DEVOIRS.

D. C'Eſt donc par le travail qu'on obtient de quoi vivre?

R. Oui, & nos beſoins nous impoſent, ſur-tout, le devoir de travailler pour vivre.

D. Le travail eſt donc un devoir; & que réſulte-t-il de l'accompliſſement de ce devoir?

R. La jouiſſance des produits de la terre, ce qui eſt la récompenſe naturelle du travail.

D. Qu'eſt-ce à dire la *jouiſſance?*

R. C'eſt le droit de faire uſage pour nos beſoins des choſes que nous procure le travail, parce que nous méritons d'avoir ce droit.

D. Tout ſe réduit donc pour l'homme à un devoir?

R. Oui, & ce *devoir*, qui eft le travail, eft la racine de tous fes autres devoirs, & a pour objet premier, naturel & néceffaire, la fatisfaction de fes befoins qui eft fon premier *droit* & le principe de tous fes autres droits.

D. L'homme a donc auffi un *droit?*

R. Oui: ce droit, qui eft la jouiffance des chofes acquifes par fon travail, ou par fes avances, eft la racine de tous fes autres droits, & a pour objet naturel & néceffaire l'acquit de fon devoir.

D. Comment cela?

R. Vous voyez bien qu'il faut que je vive aujourd'hui, pour pouvoir travailler demain, & que je travaille demain pour pouvoir vivre après. Ainfi le droit & le devoir fe fuccédant,

font un cercle dont la continuation
perpétue la vie humaine.

D. Et dans cette alternative, c'eſt
le devoir qui marche le premier, &
pourvoit aux avances pour l'avenir?

R. Oui: mais n'oublions pas que
c'eſt la nature qui nous fait d'abord
préſent de la vie & des fruits de la
terre qui furent les premières avances par leſquelles on a pu travailler
à la terre, pour faire naître des récoltes plus abondantes, à meſure que
les hommes ſe ſont multipliés.

D. Mais en ce cas, de quoi ont vé-
cu d'abord les habitans des villes?

R. Il n'y a pas eu des villes d'a-
bord. Elles n'ont été bâties & peu-
plées que par le moyen des richeſſes
qu'on a fait naître de la terre, qui
ont pu payer ceux qui travaillent à

des ouvrages dont on a befoin pour les travaux de la terre, & pour les commodités de la vie.

___

LA PROPRIÉTÉ.

D. LA nature a donc fait d'abord un don à tout homme?

R. Sans doute, & ce don eft devenu *fa proprieté*.

D. Que veut dire ce mot *fa proprieté*?

R. C'eft la vie & tout ce qui en dépend, comme fa perfonne, fa force, fa raifon, & ce qu'il peut avoir avec bon droit en fa poffeffion. Tout cela eft à lui & à lui tout feul.

D. Pourquoi à lui tout feul?

R. Je veux dire que tout cela lui

appartient, & qu'il a feul le droit d'en difpofer à fa volonté.

D. Quoi! il peut difpofer de fa vie?

R. Je dis à fa volonté, c'eft-à-dire, à la volonté de la nature qui ne veut que fa confervation.

D. Quoi! il ne doit rien de fa perfonne à aucun autre?

R. Non, à moins qu'il ne s'y foit volontairement engagé, ou qu'il ne doive quelque reftitution d'avances qu'on lui a faites, & qui font une dette.

D. Pourquoi la propriété lui eft-elle ainfi réfervée & féparée?

R. C'eft que chaque homme eft affujetti par la nature à peu près aux mêmes befoins perfonnels, & a reçu à peu près les mêmes moyens perfonnels d'y fatisfaire, & que chacun en particulier est obligé de pourvoir à sa conservation, sous peine de souffrance & de mort.

D. Quoi! nul n'a droit sur la personne d'un autre?

R. Non, aucun, quel qu'il puisse être, si ce n'est celui qui pourra manger & dormir pour un autre.

D. Et le père?

R. Le père a fait au fils les avances dont dépendoit sa vie, à titre de restitution de ces avances, le fils doit à son père soumission, respect, attachement & secours toute sa vie. Mais tout cela n'implique aucun assujettissement contraire aux droits personnels, & à la propriété du fils: car à cette barrière, le devoir filial le plus sacré de tous ici bas finiroit.

D. Et le feigneur?

R. Le feigneur, le maître & autres échelons de fupériorité n'ont que des droits de retour fur leurs fujets ou inférieurs, pour les biens & les avantages qu'ils leur procurent.

D. Et le Souverain?

R. Le Souverain eft le gardien, le confervateur & le protecteur de la propriété, bien loin de chercher à l'attaquer ni à l'enfreindre.

D. Chaque homme a donc fa perfonne en propriété, fans qu'aucun puiffe y prétendre droit?

R. Sans doute.

D. Et la propriété s'étend-elle au delà? c'eft-à-dire, peut-on poffédér pour foi tout feul quelqu'autre chofe que fa perfonne?

R. Oui, l'on poffédé de la même

manière tout ce qui nous appartient.

D. Et qu'eſt-ce qui nous appartient?

R. Tout ce qui nous a été donné par ceux qui ont pu nous donner de ce qui leur appartenoit, & tout ce que nous avons acquis par nôtre travail.

D. Quoi! la recherche de ce qui n'appartient à perſonne ſeroit un travail par lequel on peut acquérir?

R. Oui ; c'eſt un travail par lequel on peut profiter ſans rien ôter à autrui.

D. Eh bien! nous recherchions la même choſe, vous & moi. Vous l'avez trouvée hier ; & je la trouve aujourd'hui : vous y aviez droit hier, pourquoi ne l'aurois-je pas aujourd'hui ?

R. Elle n'auroit pas été à moi hier, ſi un autre l'eut trouvée la veille.

Elle feroit devenue fon droit : mais comme elle n'étoit le droit de perfonne, elle eft devenue le mien, & dès lors elle ne peut plus être celui d'un autre.

D. C'eft-à-dire que le droit eft à qui coura le plus fort?

R. Oui, le droit de viteffe.

D. Je veux dire, que felon vous le droit eft au premier occupant?

R. Sans doute, dans le fens que vous dites. Mais la courfe ni la recherche n'ont que des droits bien fautifs & bien bornés.

D. Mais encore, tous bornés qu'ils font, pourquoi vous attribuez-vous un droit de propriété fur le hazard d'une trouvaille, de ce qui n'étoit pas plus à vous qu'à un autre?

R. La nature vous le dit, que ce

qui vous tombe fous la main eft à vous, s'il n'appartenoit à perfonne avant vous. Vous fentez que fi un autre vouloit vous le prendre fans vous prouver qu'il étoit à lui, & uniquement par rufe ou par force, il vous fâcheroit: vous auriez querelle, & les querelles entre les hommes eft ce qu'on appelle *la guerre* qui confond tous les droits.

D. Mais où eft donc le moyen que j'aye ma part & que je vive, fi d'autres ont tout trouvé avant moi?

R. Vous trouverez dans le travail d'autres reffources pour vivre ; car plus le bon ordre s'établit, plus les hommes ont befoin les uns des autres, & s'entrepayent leurs fervices. Le chef paye, avec la contribution des fujets, ceux qui les défendent

contre les attaques de l'ennemi ; le
même arrangement eſt général en tout
& au profit de tous, s'il eſt bien or-
donné ſelon la Loi Divine, c'eſt-à-
dire, ſelon l'ordre naturel. Mais cet
ordre doit être connu parfaitement,
c'eſt-là la grande ſcience de l'homme.

COURS

D'INSTRUCTION

POPULAIRE.

SECONDE PARTIE.

LA

VIE AGRICOLE.

D. **N**I moi, ni tous ceux qui vien-
nent après moi ne trouvant plus rien
qui n'ait été découvert par nos devanciers & qui, pour cela, ne leur
appartienne, où donc prendrai-je ma
subsistance, cela m'inquiète encore ?

R. Vous en pouvez dire autant de

vos devanciers ; car comme il faut qu'ils mangent chaque jour, ce qu'ils ont trouvé ne leur durera guères, s'ils ne renouvellent fans ceffe leurs provifions.

D. Ainfi donc chacun fe trouvera fruftré par l'inutilité ou le peu de produit du travail de la recherche ?

R. Sans doute, & la fin de la vie arrivera avec la fin, ou même avec la rareté des provifions.

D. Où eft donc le remède à cela ?

R. Dans la *reproduction.*

D. Qu'entendez - vous par ce mot la *reproduction ?*

R. Les plantes, les fruits, les animaux qui peuvent fervir à notre nouriture, fe reproduifent & nous offrent ainfi de nouvelles provifions.

D. Que voulez-vous dire ? l'agneau

que j'ai mangé ne reviendra point.

R. Ni la pomme qui vous a nourri ; mais le pommier en portera d'autres que vous mangerez à leur tour.

D. Et en attendant ?

R. En attendant vous tâcherez de confommer les chofes qui fe reproduifent plus vite. Par exemple, les vaches ont du lait tous les jours, vous mangerez du lait. Les poules pondent des œufs, vous mangerez les œufs.

D. Mais ce lait, ces œufs, avoient un objet dans la nature autre que celui de me nourrir ?

R. Le lait, il eft vrai, devoit nourrir le petit de la vache.

D. Ainfi donc en mangeant le lait, je tue le petit ?

R. Non, vous le fevrez, dès qu'il peut aller paître.

D. Et cela empêchera de multiplier les vaches, & comme les hommes multiplient il n'y aura bientôt plus de lait pour tous ?

R. Ce qui empêchera de multiplier les vaches, c'eſt le défaut de nouriture.

D. Expliquez-moi cela ?

R. Vous voyez que l'homme ne peut vivre qu'autant qu'il trouvera ſa nourriture, il en eſt de même des autres eſpèces ; il n'en ſauroit vivre qu'autant qu'elles auront leur portion. Le nombre des vaches ſera la meſure du lait, & la meſure du lait ſera celle des hommes.

D. Cela eſt fort court ; car il ne vient pas de l'herbe par tout & elle eſt bientôt mangée ?

R. En conſéquence les hommes y ont pourvu autrement.

D. Et comment?

R. En cultivant les fruits & les produits de la terre qui font propres à leur fubfiftance, de manière à les multiplier.

D. Voyons donc fi dans cette nouvelle méthode, je trouverai mieux ma part & plus affurée que dans les autres ?

R. Le moyen fera le même, mais il fera plus promt, plus fructueux & plus affuré.

D. Qu'entendez-vous par là ?

R. Je dis que le moyen fera le même : car ce fera toujours par votre travail, comme dans la recherche des fruits épars de la terre où vous étiez obligé de courir, ce qui étoit votre travail, & comme dans la vie paftorale où vous étiez obligé de foigner, de nourrir & de traire les beftiaux.

D. Comment mon travail employé à la culture aura - t - il un effet plus promt, plus fructueux & plus assuré?

R. Par une production plus abondante.

AVANCES DE LA CULTURE.

D. **M**Ais la récolte ne vient pas promtement, comment vivre & travailler en attendant?

R. Au premier coup d'œil l'effet de ce travail paroît plus retardé que celui des deux genres précédens: car il faut préparer la terre, la semer & lui donner le tems de reproduire, de multiplier & de mûrir les fruits. Mais dans le fait c'est celui qui assure le plus le travail contre le besoin.

D. Comment cela?

R. C'eſt qu'il ne peut être entrepris qu'avec des avances qui fourniſ-
ſent au beſoin du travailleur juſques
au tems de la récolte & qui la ga-
rantiſſent du beſoin juſques-là; d'où
ſuit qu'il a toujours ſa ſubſiſtance en
nature, aſſurée d'avance ſur ces proviſions, & ſon travail journalier payé,
par ſa portion journalière, ce qui preſcrit l'effet le plus promt du travail.

D. Et comment cet effet ſera-t-il
fructueux?

R. Parce que, comme vous le voyez,
la terre multiplie les fruits dans ſon
ſein. Vous ſemez un grain, il ſort
un épi, & ainſi du reſte. Or comme
l'effet auquel on aſpire par ſon travail eſt d'avoir des proviſions pour
ſa ſubſiſtance, cet effet eſt bien *plus*
fructueux par le travail qui procure la

multiplication des fruits, que par celui qui ne tend qu'à les trouver.

D. Comment enfin l'effet du travail de la culture est-il plus assuré que celui de tout autre ?

R. C'est qu'il est cautionné par la nature toujours constante dans ses grandes & immuables loix. Car le travail de la culture n'est autre chose que de confier à la terre les grains & les plantes propres à nos besoins, & de favoriser sa fécondité naturelle par nos services & nos travaux. Or quelle meilleure caution de mon salaire que la mère nourricière de tous.

D. Et vous dites qu'il faut des avances à ce travail-là ?

R. Sans doute pour y vivre jusques à la récolte.

D. Et qui les a faites ces avances-là ?

R. L'éco-

R. L'économie des provisions premières, qu'on a trouvées éparses : la fécondité de la terre, qui est plus grande & plus promte dans certains climats où la culture a commencé d'abord, & la frugalité des hommes qui, précisément dans ces climats là, ont moins de besoins & qui ont épargné sur les premières récoltes de plus grosses provisions pour faire plus de travaux pour les récoltes futures. Petit à petit les avances ont grossi : avec elles la culture s'est fortifiée & étendue, & en est venu au point où on la voit chez les nations riches.

D. Mais comment donc est-ce que des avances grossissent ? Je ne vois pas seulement comment elles se peuvent perpétuer. Car à mesure que l'on consomme les provisions diminuent,

& à la récolte il n'y a plus rien.

R. Je l'avoue, & tout est fini si la terre ne restitue.

D. Eh bien donc que voulez-vous dire avec vos avances qui grossissent ?

R. Je veux dire que la récolte, quand la terre est bien cultivée, fournit à tout, à la restitution des avances, & même à un surcroit qui peut assurer la prospérité & l'opulence, & par elle la subsistance de tous, si le débit favorise la vente du produit des récoltes.

D. Expliquez - moi cela, je vous prie ?

R. Vous avez vu qu'un grain produit un épi, & ainsi du reste ; donc la nature maternelle, & chaque jour miraculeuse à nos yeux, multiplie à l'infini la semence. Ce qu'elle nous accorde annuellement eſt la proviſion d'une année. C'eſt à nous à en faire un bon uſage, ſi nous ne voulons mourir de faim après avoir tout conſommé, ſans avoir travaillé pour l'avenir. Car la ceſſation de la reproduction des récoltes eſt l'anéantiſſement de toutes les autres richeſſes; parce que ce n'eſt qu'avec les produits de la terre qu'on peut les avoir.

D. Et quel eſt ce bon uſage qu'il faut faire de la récolte?

R. D'abord c'eſt de reſtituer tout de ſuite les avances de la culture, c'eſt-à-dire, de remettre l'état des proviſions qu'on a conſommées pendant les travaux & pendant l'attente de la récolte. Enſuite c'eſt de groſſir les avances, c'eſt-à-dire de les augmenter autant qu'il eſt néceſſaire pour mettre le territoire qu'on a à cultiver dans la meilleure valeur.

D. Et pourquoi groffir ces avances?

R. C'eft que plus vous aurez d'avances, plus vous pourez faire de travaux; & plus vous ferez de travaux, plus ils réuffiront comme les premiers & groffiront de plus en plus vos récoltes.

D. Que voulez-vous dire? quand une fois la terre eft couverte, elle ne peut pas l'être plus.

R. La fertilité de la terre n'a point de bornes à nous connues. Plus on y employe de travaux à bien préparer les récoltes, & plus elle rend. C'eft une fource inépuifable de biens.

D. Cela pofé, on y employera le tout; car les hommes ne demandent à vivre que pour travailler & à travailler que pour vivre.

R. C'eſt bien là l'ordre de la nature, mais ce n'eſt pas celui que voudroit ſuivre l'homme dépravé.

D. Qu'entendez - vous par ce mot *l'homme dépravé?*

R. Je veux dire l'homme qui ſuit ſon propre ſens & qui n'obéit plus à l'ordre de la nature.

D. Et que lui dit ſon propre ſens ?

R. De jouir en repos, & de dépenſer ſans règle.

D. Eſt-ce que le repos n'eſt pas dans l'ordre de la nature?

R. Le repos eſt dans l'ordre de la nature, mais ſeulement après le travail, pour nous redonner des forces pour le travail : car le repos n'avance rien. Il n'y a que le travail qui achemine les choſes ſelon l'ordre actif de la nature, qui ayant rendu la conſommation nécessaire a voulu que la reproduction le fût.

D. L'homme donc voudroit du repos sans travail ? Et c'est-là ce que vous appellez l'homme dépravé.

R. Sans doute : vous voyez que selon l'ordre chaque homme doit gagner sa portion. Or celui qui ne veut rien faire doit avoir sa portion ni plus ni moins, sans quoi il ne sauroit vivre. Or comme il ne la veut pas gagner par son travail, il faut qu'il vole la portion d'un autre. Or un voleur est sans doute un homme dépravé.

DROITS ET DEVOIRS
AGRICOLES.

D. COmment se fait la distribution des portions ?

R. Le voici. Le bloc des avances, ou le magasin des provisions pour vivre jusques à la récolte, appartient à quelqu'un. S'il n'y en a que pour lui, il ne pourra nourir que lui. Il faudra qu'il travaille seul, & il n'aura qu'une misérable récolte. Il préfère donc de s'épargner sur sa part pour tâcher d'en donner à un autre, à condition que cet autre lui aidera dans son travail.

D. J'entends : voilà une distribution, mais je n'y vois pas grand avantage. Expliquez-moi votre difficulté.

R. Si un homme, qui travaille seul & pour lui seul, n'obtient qu'une récolte misérable & insuffisante pour lui seul, deux hommes qui travaillent pour eux deux feront dans le même cas pour eux deux, & jusques là je n'y vois point de profit.

D. Cela paroit ainsi, & cela n'est pas néanmoins, parce que la multiplication des forces opère tel effet dont on n'auroit obtenu aucune partie sans elle.

R. Je n'entends pas cela.

D. Entreprenez tout à l'heure de rouler seul cette grosse pierre, vous ne lui donnerez pas le moindre ébranlement. Si vous vous y mettiez deux, vous la feriez changer de place.

R. Fort bien pour cette pierre.

D. Mais cette pierre pouvoit être dans votre champ & vous empêcher de le cultiver ; le travail de l'homme fecondé a donc, comme la terre, le don de multiplier fes effets ?

R. Rien n'a le don de multiplier les fruits que la terre ; le travail de l'homme n'eft productif que par elle, & nous ne pouvons faire de travail productif que par le travail direct de la culture ; mais les autres travaux, en aidant à celui-là, aident à la culture, & par conféquent à la multiplication des fruits. C'eft-là tout.

D. Et comment par exemple ?

R. Si vous êtes dans votre champ à travailler & qu'il vous en faille revenir pour faire votre foupe, indépendamment du travail pour faire le feu & la préparer, celui d'aller à votre maison & de revenir à votre champ est un tems & un travail perdu pour tout le monde, c'est-à-dire pour votre repas. Votre femme ou tout autre pourvoit à votre soupe tandis que vous travaillez, il est bien juste qu'il en ait sa part.

D. Et de quoi cela a-t-il avancé l'ouvrage ?

R. De tout le tems & de tout le travail que vous auriez perdu. Au reste, vous êtes le juge de cela vous-même, & vous êtes le maître d'opter pour la privation de secours, mais si vous voulez une aide quelconque, il faut la payer, c'est-à-dire lui donner sa part. C'est là son droit, comme son devoir est de travailler pour acquérir son droit.

D. Eh bien! je ne me fervirai que des bêtes qui n'ont point de droit.

R. L'idée n'en eſt pas neuve, & c'eſt elle qui a fait toutes les charues qui ſont attelées de beſtiaux. Cependant les bêtes ont leur droit auſſi, qui eſt dans la nature & que vous ne pouvez frauder.

D. Et quel eſt-il ?

R. Celui d'être nouries & ſoignées par vous, ſans quoi elles dépériront & vous deviendront inutiles & mouront.

D. J'entends : le droit eſt la fubſiſtance. Eh bien ! je ne me fervirai que d'outils, ceux là ne mangent rien.

R. Non, mais ils s'uſent, ils dépériſſent, il faut les racommoder ou les remplacer, ou vous le ferez vous-même, auquel cas vous quitterez votre travail ; ou ce fera un autre , & celui-ci mange & ne vous donnera fon travail que pour une part.

D. Que faire donc ?

R. Perdre le défir de ne point partager & croire au contraire que plus on a de quoi partager, de quoi diftribuer aux autres, plus on eft riche, plus on a dè moyens de le devenir encore d'avantage , pourvu qu'on fache calculer.

D. Qu'eft-ce à dire *calculer* ?

R. C'eft favoir ce qu'une aide nous coute , & ce qu'elle nous profite , & ne partager qu'avec celle qui nous profite plus qu'elle ne nous coutera.

D. Eft-ce ainfi que doit fe faire la diftribution ?

R. Sans doute, & c'eft la feule manière qui puiffe la rendre durable & perpétuelle.

D. Pourquoi cela ?

R. Vous voyez bien que si vous donnez de vos avances à perte, le tas diminuera & la récolte sera moindre, & de diminution en diminution vous deviendrez à rien.

D. Mais vous m'avez dit tout à l'heure qu'on pouvoit acroître les avances, donc la récolte donne au-de-là de la restitution de ses avances.

R. Sans doute, & ce n'est qu'en mettant à profit cette générosité de la nature, que les cultures très foibles d'abord sont venues au point où nous les voyons.

D. Eh bien la restitution exactement faite des avances, ne puis-je pas consommer le reste dans le repos.

R. Nous n'en sommes pas là encore : observez seulement que votre récolte, toute votre efpérance future, eft expofée à l'infulte des animaux, à l'intempérie des faifons; fi vous ne gardez rien pour des cas de malheur, ils vous trouveront dépourvu, & vous périrez faute d'avoir eu de doubles avances.

D. Que faut-il donc que je faffe de mon fuperflu?

R. Un acroiffement de votre propriété.

L A
PROPRIETÉ AGRICOLE.

D. QU'appellez-vous en ceci ma propriété?

R. Vos avances, qui vous appartiennent en propre, qui font à vous, & qui ne font qu'à vous.

D. Mais, paſſé mes beſoins, tout ce tas immobile & périſſable ne ſera qu'un embarras pour moi. Qu'entendez-vous d'abord par ce tas immobile?

R. J'entends mon magaſin de proviſions que vous voulez que j'augmente.

D. Vous oubliez donc que nous ſommes convenus que toutes ces avances avoient un objet d'emploi.

R. Je me le rappelle, tout cela eſt deſtiné à la culture.

D. Vous avez dit auſſi que vous auriez des bêtes & des outils pour cultiver à moins de frais; tout cela n'eſt plus ſi immobile ni ſi périſſable.

R. J'en conviens: mais il eſt toujours embaraſſant, dès que je n'ai pas beſoin d'en avoir tant.

D. Attendez : connoiffez-vous bien l'étendue, l'efpèce & la portée de vos befoins ?

R. A peu près : il me faut la fubfiftance, le vêtement & le repos : tout en gros fe réfume à cela.

D. Mais pour la nourriture, eft-ce le gland ou le pain ? eft-ce l'eau ou le vin ? Pour le vêtement, eft-ce l'écorce des arbres ou la peau de vos bêtes, ou la chemife, l'habit, la vefte, les fouliers &c. ? Pour le repos, eft-ce le vieux tronc d'un arbre ou un abri commode ? répondez.

R. Je vois bien que nos befoins naturels peuvent avoir une extenfion fort grande.

D. Mais que j'aye plus ou moins d'avance, cela me fera cultiver plus ou moins : mais cela me fera-t-il un habit, ou une maifon ?

R. Sans doute, puisque tantôt au moyen d'une part, vous avez eu quelqu'un pour vous faire la soupe, vous aurez bien aussi à même condition quelqu'un pour vous faire un habit &c.

D. Et tout ce que j'aurai acquis de la sorte, c'est-à-dire en échange d'une portion de mes produits, est à moi & à moi tout seul ?

R. Sans doute, comme votre soupe étoit à vous tout seul tout à l'heure.

D. Non pas, car il m'en falloit distraire la part de celui qui l'avoit apprêtée, & je n'en saurois faire de même de mon habit ?

R. Vous étiez bien le maître de faire votre soupe à part & de n'en rien retrancher pour votre aide, pourvu que vous lui donnassiez sa portion à consommer à sa fantaisie. Il en eſt de même de votre habit. Votre homme ne prend pas une manche de votre habit: mais le payement que vous en avez fait repréſente ou ſa ſubſiſtance ou ſon vêtement ſelon ſon beſoin ; & il n'a plus rien à prétendre à l'habit, qui eſt à vous & à vous tout ſeul.

D. Je vois qu'avec mes proviſions je puis me procurer ſelon mes déſirs toutes autres choſes étrangères à celles . là, & que ces choſes, une fois que je les aurai échangées contre mes proviſions, ſeront ma propriété. Mais dès lors tout cela ne ſert plus à l'objet naturel de mes avances?

R. C'eſt ſelon: car cet objet naturel quel eſt-il ?

D. La culture, avons - nous dit, & la meilleure culture : mais par exemple, fi je me fais bâtir une maifon pour me loger je ne vois pas comment elle pourra fervir à ma culture ?

R. C'eft felon, vous dis-je ; cette maifon qui vous loge mieux vous donne un meilleur repos & ce qui s'en fuit, un meilleur travail, & ainfi à vos beftiaux qu'elle préferve des injures de l'air, & à vos outils qu'elle conferve ; & elle devient par-là une aide de votre travail.

D. En marchant de la forte vous verrez que tout labourera.

R. Sans doute, & fi tout ne laboure de la forte, c'eft-à-dire, n'aide par enchaînement aux travaux productifs, toute dépenfe qui fort de ce cercle contrarie l'ordre naturel & fait tarir fa propre fource.

D. Qu'entendez - vous par une *dépense ?*

R. Une confommation.

D. Mais cette confommation eft néceffaire pour vous, & pour ceux qui vous aident & pour vos animaux de travail, & pour ceux que vous nouriffez pour le profit ?

R. Oui: mais vous pouvez mal calculer dans la diftribution de cette confommation & la détourner de fa fource.

D. Et quelle eft fa fource ?

R. Vous l'avez vu, c'eft la production annuelle.

D. Et comment une confommation qui n'eft pas acquife par un travail, qui aide aux travaux productifs, tarit-elle fa propre fource ?

R. C'eft qu'étant mal placée, c'eft

une déperdition d'avances détournées de leur emploi naturel qui eft la re-production, & que cette confomma-tion, ne fe reproduifant plus, ne fera qu'une confommation paffagère.

D. Mais nous avons dit qu'il y avoit un excédent par de-là la refti-tution des avances ?

R. Oui, mais nous avons trouvé pareillement que ce devoit être ou un corps de réferve contre les cas for-tuits, ou un acroiffement de biens & d'avances. Ces deux emplois font dans l'ordre naturel, & ce qui en fort lui eft contraire, & ce qui eft contraire à l'ordre naturel l'eft à la perpétuité de toutes fortes de jouiffances durables.

D. Vous parlez de jouiffances du-rables, & comment fe les affurer par toutes les avances poſſibles, ſi l'on n'a un fond de terre aſſuré, ſur lequel on puiſſe en faire l'emploi ? Qu'entendez - vous par un fond de terre aſſuré ?

R. Je veux dire qu'il ſoit à moi en propriété, afin que, quand je l'aurai cultivé, un autre ne puiſſe pas en prendre les fruits acquis par mon travail.

D. Mais puiſqu'il faut que ce travail ſe renouvelle ſans ceſſe, n'eſt-il pas bon que ce fond ſoit à moi en propriété ?

R. Je le crois très utile & même néceſſaire.

D. Et comment s'aſſurer un fond de terre à ſoi tout ſeul ?

R. Par ſon travail.

D. Que voulez-vous dire ? tout à l'heure pour assurer le travail il falloit un fond de terre ; & maintenant pour assurer un fond de terre, il faut le travail ?

R. Disons mieux : il faut un fond de terre pour y employer ses avances de culture ; & il faut un travail préparatoire pour acquérir la propriété d'un fond de terre.

D. Appellez ce travail comme vous voudrez, n'est-ce pas toujours un emploi d'avances ?

R. Sans doute, & vous ne pouvez acquérir un fond autrement. Quand les terres ne sont pas cultivées, on accorde des friches à ceux qui peuvent les défricher, sans exiger d'eux aucunes charges de redevance envers

qui que ce soit, parce que ces dé-
frichemens sont profitables.

D. Et comment tout cela se fait-il?

R. Le cours suivant vous l'apprendra.

COURS

D'INSTRUCTION

POPULAIRE.

TROISIEME PARTIE.

LA

VIE SOCIALE.

D. NOus avons vu ce que c'eſt que la vie naturelle, quels ſont ſes droits, que pour s'aſſurer la jouiſſance régulière de ſes droits, c'eſt-à-dire, de ſa ſubſiſtance & de ſes autres be-ſoins, il falloit porter ſes devoirs, c'eſt-à-dire, ſon travail vers la culture

C

de la terre, & embraffer la vie agricole. Dans ces deux cours de vies rélatives l'une à l'autre, & qui jufqu'à préfent ne font qu'une, nous avons vu que la *propriété perfonnelle*, don de la nature, entrainoit la propriété de tout ce que nous acquérions en manière quelconque fans bleffer le droit d'autrui. Cette propriété d'acquets, ou *propriété mobiliaire*, pour être perpétuée, doit être renouvellée, & ne peut l'être que par la terre qui feule reproduit tout. C'eft-là l'objet de la culture. Mais nous avons découvert qu'il eft utile & néceffaire d'avoir un fond de terre en propriété. C'eft maintenant où nous en fommes.

R. Oui ; & c'eft cette extenfion de la fociété qui eft la bafe de la vie fociale, comme la vie sociale est la condition nécessaire de toute société.

D. D'abord, qu'entendez-vous par cette expression *la vie sociale ?*

R. J'entens la vie des hommes en société, c'est-à-dire, en rapports suivis entre leurs droits & leurs devoirs respectifs.

D. Je n'entens pas bien : nous avons dit que les droits des hommes se rapportoient à leurs jouissances, & leurs devoirs à leur travail. On ne voit au premier coup d'œil à cela que des droits & des devoirs, dont le libre exercice est réduit à un assujettissement & à une contrainte fort inquiétante, sur l'usage de la propriété des personnes & de leurs possessions.

R. L'ordre naturel qui a donné les droits, & qui a prescrit les devoirs, veut qu'ils foient en concours & jamais en oppofition.

D. Comment cela?

R. Par la fertilité inépuifable de la terre, par l'organe de laquelle la nature fe charge de pourvoir à tous les droits, de les multiplier & les accroître à l'infini, pourvu que tous les devoirs foient dirigés & acquités conformément à ce grand ordre.

D. Et quel eft-il ce *grand ordre?*

R. Nous l'avons dit, le devoir eft le travail : l'ordre veut que le travail primitif, le travail effentiel & fondamental de la vie humaine, foit le travail productif, le travail de la culture ; & que tous les autres travaux correfpondent & aident à celui-là, felon le rang qui leur eft prefcrit.

D. Quoi c'eft-là l'ordre focial?

R. Ç'en est du moins le résultat naturel & nécessaire. C'est ainsi que les devoirs seront dirigés & acquités, conformément à l'ordre naturel ; & c'est au moyen de cette condition réguliérement observée, que la nature se charge d'acquiter à chaque *devoir* son *droit*, de donner à chaque travail sa part de subsistance, & des autres jouissances requises.

D. J'entens : mais vous me parlez ici d'un rang prescrit aux travaux par l'ordre même, & selon lequel il faut qu'ils arrivent à l'aide & à l'appui du travail fondamental. Quel est-il ce rang ?

R. C'est leur rang d'utilité, & c'est encore l'ordre naturel qui l'indique.

D. Comment cela ?

R. Il eſt, par exemple, plus preſſant de manger que d'être vêtu.

D. Je le crois ; car, à tout prendre, l'homme peut vivre nud, & l'on en voit des exemples, au lieu qu'on ne ſauroit vivre ſans manger.

R. Eh bien ! il ſuit de-là que l'ordre preſcrit que vous partagiez avec celui qui vous fait la ſoupe, avant que de tirer la part de celui qui vous fera un habit ; & que ſi vous n'avez qu'une part à donner, elle ſoit pour la ſoupe d'abord, & que vous vous paſſiez d'habit ; comme en ce cas, celui qui ne ſauroit faire qu'un habit ſe paſſeroit de ſubſiſtance, ce qui ne ſe peut : ainſi il ſe prêteroit à d'autres ſervices.

D. Et enſuite ?

R. Que vous préfériez dans vo-

tre diſtribution qui eſt votre dépenſe, d'avoir un habit plutôt qu'une
maiſon, parce que l'habit eſt le premier abri, & que la maiſon n'eſt que
le ſecond, & qu'on peut ſe loger ſous
une hutte, en atendant qu'on puiſſe
ſe conſtruire un meilleur logement.

D. J'entens : l'ordre veut que nous
ſuivions dans nos dépenſes l'ordre de
nos beſoins. Ce commandement n'eſt
pas fort difficile : mais comment cet
ordre de convenances pour nous ſera-t-il l'ordre de correſpondance des
divers travaux des hommes, avec le
travail fondamental, le travail productif?

R. Cela eſt bien ſimple. Rien n'eſt
d'abord plus utile à ce travail de culture que la ſoupe qui vous fait vivre,
& nous avons vu comment c'étoit un

profit pour votre travail qu'on vous l'apprêtât, au lieu de venir vous l'apprêter vous même. Il en fut de même de votre habit, de votre maifon & de tous les agencemens & perfectionnemens de toutes ces chofes, qui toutes, felon l'ordre naturel, doivent tendre à l'accélération de votre travail, pour fatisfaire aux befoins le plutôt poffible.

D. Comment cela ?

R. De deux manières. Vous êtes d'autant plus excité à votre travail, que vous voyez qu'il vous procure de quoi payer & attirer tous les fervices, & votre travail devient d'autant plus fructueux, que vous obtenez plus de fervices qui ont un rapport ou direct ou indirect à votre travail, mais qui lui font toujours utiles.

D. Et c'eft-là ce que vous appellez *les rapports?*

R. Sans doute : quels rapports plus effentiels la nature peut-elle mettre entre des êtres créés féparément, que ceux que la néceffité des dépenfes met entre les hommes, entre vous & celui qui fait votre foupe : vous dépenfez l'un & l'autre le produit de la même terre. Vous l'appellez *vôtre*, parce que c'eft vous qui l'avez fertilifée. Mais dans le fait, votre part eft le falaire de votre travail, comme la part du cuifinier eft le falaire du fien. Car dans le fait, c'eft la terre qui vous paye l'un & l'autre, & l'un par l'autre. Voila vos *rapports*, vos *dépenfes* & vos *travaux.*

D. Et ce font ces rapports des travaux & des dépenfes que vous appellez la fociété ?

C 5

R. Oui, & vous voyez que la vie sociale, indispensable à la prospérité humaine, est d'institution de la nature, & nullement de convention arbitraire entre les hommes.

D. Et quelle est la base de la société ?

R. Les avances.

AVANCES SOCIALES.

D QU'est-ce que les avances de la société ?

R. Vous les avez vu naître en démêlant les avances de la vie, ensuite celles de la culture. Ne les perdez jamais de vue ; car au fond tout se réduit à cela. Votre père qui vous a fait les avances de la vie, c'est-à-dire, qui vous a nouri gratuitement en un tems où vous ne pouviez lui rien rendre par votre travail, ne l'auroit jamais pu faire s'il n'eut eu des avances en excédent, c'est-à-dire, par de-là tout ce qu'il devoit employer à son travail nécessaire.

D. Et ces avances où les a-t-il prises?

R. Vous ne vous rappellez plus cet excédent de la récolte par de-là la restitution des avances, excédent que vous vouliez dépenser en fantaisies?

D. C'est-à-dire, que cette part que je reçois gratuitement sort encore de la terre.

R. Sans doute: ne vous ai-je pas dit que la nature se chargeoit d'être la nourice de tous, pourvu qu'on fût fidèle à l'observation de son ordre.

D. Et fi mon père eft ce faifeur de foupe, ou tel autre de ces falariés qui n'ont point de terre, où prendra-t-il des avances?

R. Sur fa portion, qui toujours vient de la terre comme vous favez, & dont il réfervera une part pour vous.

D. Vous fuppofez donc qu'on lui cédera une portion plus groffe que ce qu'il lui faut pour lui, & c'eft ce que j'ai peine à croire.

R. C'eft cependant cela, & c'eft ce qu'opère la multiplication des travaux & des falaires.

D. Ceci mérite d'ètre expliqué.

R. Celui qui fait votre foupe ou votre habit, en redoublant de travail, peut faire en même tems celui de dix autres, qui tous lui donnent un fa_laire repréfentant une portion quelconque : & fur le nombre il gagne plus qu'il ne lui faut pour fa fubfiſtance, & il réſerve quelque choſe pour ſon enfant. Ainſi donc, c'eſt toujours de la terre que ſont tirées les avances qui vous font vivre, quoique vous viviez du ſalaire accordé à un travail d'induſtrie qui s'entremet entre le travail productif & vous.

D. Ainſi donc le travail d'induſtrie augmenteroit ſa population aux dépens du travail productif.

R. C'eſt tout le contraire : & le travail ſtérile, c'eſt-à-dire, celui qui n'eſt pas directement productif, tend toujours, ſelon l'ordre, à accroitre le travail productif : mais expliquez votre penſée.

D. Ma penſée eſt bien ſimple, puiſque le travail d'induſtrie ou de ſe-

cours fe fait payer par de-là fon néceffaire, c'eft autant de pris fur le
travail productif fans compenfation.

R. Vous oubliez deux points qui
nous ont paffé fous les yeux. L'un
que nous venons de dire tout à l'heure,
que c'étoit par redoublement de travail que cet induftrieux étoit venu à
bout de vaquer à plufieurs fervices à
la fois. Or redoublement de travail
eft déja un gain pour tout le monde,
puifque c'eft multiplication de *devoirs*
qui entraine celle des *droits* que la nature s'eft chargée d'aquiter; & puis
cela fuppofe perfectionnement de l'induftrie qui eft encore un grand gain.

D. Comment cela?

R. L'induftrie, nous l'avons vu,
fut primitivement une aide. Redoublement d'induftrie eft donc redouble-

ment d'aide, & cela va à l'infini. Par exemple, vous voyez ce bateau, il porte la charge de cent charettes. Ces charettes feroient attelées chacune de quatre chevaux, il faudroit 400 chevaux & 100 conducteurs à la place de ces trois hommes qui conduifent ce bateau, & de l'homme & des quatre chevaux qui le tirent. Ces chevaux & ces hommes auroient befoin de leur portion pour vivre, & toutes ces portions feroient prifes fur la récolte des champs qui ont produit ce chargement. L'induftrie donc qui a fait ce bateau épargne 96 hommes & 396 chevaux. Vous voyez bien que le maître batelier peut gagner beaucoup plus que n'auroit fait le maître charetier, & pourtant procurer un immenfe profit pour la production.

D. Cela eft clair. Et quel eft l'autre point que j'avois oublié? car l'explication de celui-ci m'a beaucoup fatisfait.

R. Vous voyez donc que redoublement de travail & redoublement d'induſtrie peuvent & doivent être au plus grand profit de la production, quoiqu'elles foient au grand profit de l'induſtrie. Ce que vous oubliez encore, c'eſt qu'il eſt dans la nature que le premier receveur des biens, qui eſt le producteur, n'appellera perfonne au partage de fa fortune, qu'autant qu'il y trouvera fon intérêt, qui eſt toujours l'augmentation de fon produit. Ainſi plus, felon l'ordre, vous voyez profpérer les agens de l'induſtrie, plus vous devez préfuppofer une plus grande profpérité radicale, c'eſt à-dire, une plus forte production.

D. J'entens: mais pourquoi dites-vous *selon l'ordre?* est-ce qu'il en peut être autrement?

R. Sans doute: rappellez-vous que ci-devant vous croyez pouvoir dépenser votre excédent en fantaisies. Or si un homme devient fol, & qu'il se fasse un premier besoin d'avoir des filles de joye, cela n'ira plus: & cette dépense-là nuit à tout & ne sert à aucun.

D. Je comprens cela: mais les fols sont rares?

R. Pas tant; d'ailleurs il y a bien des dégrés de folie entre celui-là qui est l'excès, & le bon & utile emploi selon l'ordre naturel. Or tout ce qui n'obéit pas à cet ordre le contrarie; & tout ce qui contrarie l'ordre détruit au lieu de faire profpérer.

D. Il n'y a donc que les dépenfes de premier befoin qui foient fages & felon l'ordre?

R. Qui vous dit cela? au contraire, toutes dépenfes font & doivent être utiles, fi elles ne font contre les mœurs : & encore les mœurs ont un principe dans l'ordre, fans lequel elles feroient toutes indifférentes ; ceci n'eft pas de notre queftion actuelle : mais toutes les dépenfes ont un ordre naturel, hors duquel elles font nuifibles & repréhenfibles par conféquent.

D. Et quel eft l'ordre naturel des dépenfes ?

R. Je vous l'ai dit ; cet ordre eft fans doute l'ordre des befoins.

D. Et felon cet ordre, la plus grande population de la claffe d'induftrie ne fauroit nuire à la claffe productive?

R. Au contraire elle lui fert, à moins qu'elle ne foit forcée.

D. Que veut dire *forcée?*

R. Elle le peut être en deux manières. La première eft celle que nous venons de dire tout à l'heure. Le défordre dans les dépenfes, qui donne à des dépenfes de pure fantaifie ce qui étoit deftiné à des dépenfes, dont l'effet eut été d'aider la production, & de la renforcer.

D. Et quel eft l'effet de ce défordre qui eft rélatif au déplacement de la population que vous appellez population forcée?

R. De ce dérangement provient d'abord la multiplication du genre d'ouvriers qui fourniffent à ces dépenfes défordonnées; car l'induftrie fuit toujours l'impulſion que lui donnent les dépenſes : mais cette multiplication eſt forcée, puiſqu'elle eſt contre l'ordre naturel.

D. J'entens celle-là, & ne l'oublierai point : mais quelle eſt l'autre ?

R. L'énonciation de l'autre vous expliquera ce que je viens de vous dire, que l'accroît des agens de l'induſtrie eſt, ſelon l'ordre, au profit de la production. En effet cette multiplication opère une concurence de ſervices qui s'offrent. Or le propre de toute concurence d'acheteurs eſt de mettre les choſes à acheter à l'enchère, & le propre de la concurence des vendeurs eſt de les mettre au rabais : le cultivateur eſt un acheteur de ſueurs, & un vendeur de denrées. L'induſtrieux eſt un vendeur de ſervices & un acheteur de denrées. Plus il s'offre de ces derniers, plus les fer-vices font à bon marché pour le cultivateur & les denrées à bon prix ; moins donc le cultivateur dépenfe pour fe procurer des fervices, & plus il lui refte de denrées, qui ont un bon prix, à dépenfer pour d'autres befoins.

D. Fort bien jufques-là, mais dites moi quelle eft l'autre manière d'opérer la multiplication *forcée* des agens de l'induftrie ?

R. C'eft l'injuftice, & tout ce qui privilégie un ferviteur plutôt que l'autre.

D. Oh ! pour celle-là, elle n'eft pas à craindre, à moins que les hommes ne vouluffent extravaguer à pure perte?

R. Hélas ! la terre n'en donne que trop d'exemples. Vous voila,

par exemple, une famille : un des enfans de fa maifon a appris à faire des
fouliers. Ne vaut-il pas mieux, pour
le profit de la maifon, faire faire tous
les fouliers de la famille par celui
qu'il faudroit nourir également, que
de payer des gens de dehors pour nous
fournir des fouliers ?

D. C'eft une chofe fimple. Quelle
objection à faire à cela ?

R. Mais cet enfant eft mal adroit,
il gâte beaucoup de cuir. Ne crai-
gnant la concurence de perfonne,
rien ne le preffe, ni ne lui donne de
l'émulation. Affuré de fes pratiques,
il travaille en pareffeux, & il fe trouve qu'entre la perte de tems & de
denrées, le mauvais fervice & calcul
fait, la famille gagneroit beaucoup à
fe faire fervir à meilleur marché, &

que cet enfant fît autre chofe ou ne vécût pas. Cet enfant, dès lors, eft une population forcée. Son entretien eft une dépenfe forcée, & qui tourne au détriment de la production, dans l'avantage de laquelle gît l'intérêt radical de toute la famille.

D. Je vois en gros que pour le bien général, il faut que la claffe induftrieufe foit la moins nombreufe poffible, & la claffe productive la plus nombreufe poffible?

R. Point du tout; car la claffe productive eft elle-même une manière de claffe induftrieufe employée au premier rang à la manœuvre de la production. Vous avez vous-même ci-devant prévu tel cas où vous renonciez à vous faire aider par des hommes, & préfériez des bêtes, parce qu'elles vous coutoient moins, & puis où vous préfériez aux bêtes des machines par la même raifon. Il eft donc très fouvent tel cas où la plus grande population de la claffe productive feroit un mal.

D. Et quel feroit ce cas-là ?

R. Tout cas forcé.

D. Qu'entendez-vous par un *cas forcé* en ce genre ?

R. C'eft le cas où le cultivateur eft obligé de cultiver à grands frais faute de pouvoir faire mieux.

D. Donnez-moi des exemples de ces cas-là.

R. Si ce cultivateur avoit de quoi acheter & nourir deux chevaux, il auroit une charue, & laboureroit à profit un grand champ ; faute de cela, il en cultive à bras un petit, lui & fa

famille,

famille, & il confomme même en vi-
vant miférablement tout ce que fon
champ lui rapporte, & n'a jamais rien
par de-là pour lui former des avances.

D. Et que faut-il pour éviter ces
cas forcés?

R. Il faut que fans aucun égard à
l'emploi des hommes ou des animaux
ou des machines, la manœuvre de la
culture tende toujours à l'épargne
des frais, & au plus fort excédent par
de-là la reftitution des avances.

D. Et quelle eft la voye de cette
bonne manœuvre-là?

R. La liberté, & que chacun tende
à fon intérêt particulier & à l'avantage ifolé de fon entreprife particulière.

D. J'entens cela, & je vois que,
faute de calcul, tout premier apperçu
nous conduit à l'erreur?

D

R. Il eſt vrai : mais l'erreur où vous tombiez tout à l'heure par l'excluſion de la concurence des ſervices étrangers choquoit même leſ principes ; car c'eſt une injuſtice ſelon l'ordre naturel des droits & des devoirs.

D. Voyons cela ?

R. Le droit primitif & naturel de la claſſe productive & de la claſſe ſtérile eſt d'uſer librement de leur propriété, & ce qui n'eſt qu'une même choſe, d'acheter & de vendre librement à leur volonté. La nature les punira s'ils vont contre ſon ordre qui eſt leur intérèt : & perſonne n'a droit de les contraindre, ni de leur preſcrire des règles ; car perſonne ne peut calculer auſſi ſûrement qu'eux mêmes leur intérèt. Or vous venez de le faire dans votre famille, & contre ceux du dehors : & c'eft ainfi que vous avez fait injuftice, car l'injuftice n'eft autre chofe que d'attenter au droit d'autrui.

D. Je comprens cela : mais vous venez de dire qu'acheter & vendre n'eft qu'une feule & même chofe. Ce font chofes contraires. Expliquez-vous.

R. Cela eft pourtant bien fimple. Ne voyez-vous pas que quand vous achetez des fouliers de cet homme, vous lui vendez en même tems fon falaire , fa portion qu'il achète par fon travail. Ainfi il achète de vous fon falaire , & vous achetez fon travail. Il vous vend fon travail, & vous lui vendez fon falaire. Tout achat & toute vente n'eft qu'un échange. Il eft impoffible d'acheter, qu'en même tems on ne vende. Cela fe fent , car il faut

vendre pour payer ce qu'on achète ;
& pour que vous puiffiez vendre, il
faut qu'on achète.

DROITS ET DEVOIRS
SOCIAUX.

D. JE vois que la focieté n'eft qu'un
amas d'achats & de ventes, d'échanges & de rapports des droits & des
devoirs. Je vois que c'eft la culture
qui en a fait & qui en perpétue les
avances de tous les genres, & que
tout doit fe rapporter là, comme tout
en vient. Mais les droits & les devoirs fe compliquent terriblement en
avançant dans la vie fociale.

R. Point. C'eft toujours la même
marche, toujours dictée par l'ordre
infaillible & naturel. Le *devoir* eft

toujours de chercher & de servir notre intérêt par le travail : le droit eſt
de jouir librement de ce que nous ga-
gnons légitimement par notre travail,
ou de ce que nous recevons par le
bienfait des autres.

D. Fort bien juſques-là. Mais l'ordre qu'il faut obſerver dans tout cela?

R. L'ordre eſt le même pareillement, dans toute profeſſion, dans
toute marche morale & phyſique.
D'abord reſtituer les avances à la terre,
c'eſt-à-dire, les y remplacer avant tout,
ſans quoi tout ſéche & périt à ſon terme : enſuite dépenſer ſelon l'ordre de
ſes beſoins ; enfin reſpecter inviolable-
ment le droit d'autrui, ſi l'on veut
maintenir le ſien propre. Ainſi cet ordre obſervé réciproquement eſt la ſûreté de tous.

D. Qu'entendez-vous ici par ce mot *toute marche morale ?* Je croyois que nous ne traitions que du phyſique.

R. Oui : mais tout le moral en dérive, nos droits & nos devoirs moraux ont leur principe dans nos droits & nos devoirs phyſiques, il en eſt de même de nos intérêts.

D. Comment cela, je vous prie ?

R. En voulez-vous un exemple ? Votre père vous a fait les avances de la vie & de la ſubſiſtance ; voila le principe du devoir filial qui a toujours un effet rétroactif, parce que ces avances-là ne peuvent jamais être entiérement reſtituées. Ce devoir néanmoins eſt au profit de tous deux ; car votre père, nous l'avons dit, ne peut enfreindre votre droit, & vous jouiſſez en commun de l'atrait & de l'aide réciproque.

D. J'entens & conçois le principe & le profit respectif du devoir filial: mais celui-là ne dit rien pour les autres; car le droit du père est unique, comme l'est la paternité.

R. L'exemple est unique dans l'espèce, il est vrai, mais non pas dans le genre, c'est-à-dire, vous n'avez qu'un père, mais les avances gratuites qui, indépendamment de tout sentiment de la nature, lui ont acquis un droit sur vous, vous pouvez en avoir reçu ou en recevoir encore beaucoup d'autres. C'est en effet de ce genre qu'est le droit des bienfaits qui implique le devoir & le dévouement de la reconnoissance.

D. J'entens : les bienfaits font des diminutifs d'avances paternelles. Poursuivez.

R. Vous voyez donc à ceci, d'une part, le principe du lien qui conſtitue les vertus morales, ſociales, toujours fondé ſur les droits & les devoirs : de l'autre leur utilité. Vous voyez le principe de ce retour dont les effets ont donné lieu au proverbe, *qui bien fera bien trouvera*. Le ſentiment général qui voue à l'anathême l'ingratitude part d'un principe d'équité que la mère nature mit dans tous les cœurs, principe auquel tiennent auſſi les entrailles de père, & le naturel d'un bon fils. Le bienfaiteur dans la ſociété ſème autour de lui des arrhes de paternité.

D. Je conçois cela, & je vous l'ai dit tout à l'heure ?

R. Oui : mais les principes calculés doivent tout éclairer, & nous apprendre que tout cela eſt fondé ſur des avances, & que ce qui en réſulte n'eſt que l'effet de la marche régulière des rapports entre les droits & les devoirs. Que ceci ſuffiſe déſormais entre nous quant au moral, qui n'eſt pas du reſſort de notre étude.

D. Cependant le reſpect filial, dont vous faites la baſe de tous les rapports ſucceſſifs, me paroit uniquement fondé ſur le moral.

R. Comment cela?

D. Si quand le fils eſt adulte, il n'étoit retenu par un ſentiment fondé en moralité, il pouroit s'éloigner & ſe diſpenſer de rien rendre à ſon père?

R. Sans doute: mais il ſe condamneroit par ſon propre fait à n'être jamais père de perſonne, c'eſt-à-dire, à n'oſer jamais faire d'avances pour qui ni pour quoi que ce foit, de crainte que la reftitution ne lui fût enfuite refufée. L'intérêt ne fe réunit-il pas ici au fentiment moral?

D. J'en conviens: il marcheroit plus ferré fans doute, & n'avanceroit rien qu'à profit fûr & certain?

R. Cependant nous avons vu que rien ne marchoit que par des avances, que l'homme ne pouvoit rien faire fans aide. Or pour ranger feulement la pierre de tantôt, il faut que cet impie fe fie à fon camarade en le payant à l'avance, ou que fon camarade fe fie à lui, & travaille le matin dans l'efpoir d'être payé le foir. Le voila déja méfiant par l'expérience & par la connoiffance de fon propre délit, qui eft ce qu'on appelle *re-mords*. A plus forte raifon fe méfiera-t-on de lui ; ainſi toute aide lui manque, & c'eſt un mal vraiment phyſique.

D. Je le conçois & j'en conviens. En eſt-il ainſi de toutes les autres vertus ſociales ?

R. Tout de même, du plus au moins : toutes partent du *devoir* qui eſt notre intérèt, toutes ſe rapportent à un centre, *la juſtice*, qui eſt auſſi notre intérèt, & qui aſſure le droit à tous. Mais le tout enſemble a une baſe phyſique, les *avances* : voila le point ; c'eſt ce point qu'il ne faut pas perdre de vue, & ſans lequel toute la moralité poſſible ne peut que nous égarer. Si nous écartons ou feignons d'écarter de notre étude *la morale*, iſolée de ſon principe phyſique, ce n'eſt pas que nous méconnoiſſions ſon influence divine, ce fentiment pur qui annoblit l'homme, & élève fon intérêt. Mais notre tâche eft de cultiver l'arbre par fa racine, d'autres foigneront les branches : c'eft par la racine feule que peut s'entretenir & fe perpétuer fa vigueur.

D. Eh bien donc! Suivons la marche phyfique, & dites-moi comment, avec toute l'équité poffible & les meilleurs principes, je puis démêler l'enchaînement & les rapports des droits & des devoirs des hommes qui compofent la fociété qui eft fi vafte & fi compliquée ?

R. Quelque vafte que foit la fociété, elle ne l'eft pas affez encore ; car, felon l'ordre, elle doit, ainfi que vous le verrez, s'étendre généralement fur toute l'efpèce humaine, qui a partout les mêmes befoins, & qui ne peut profpérer que par les rapports des travaux & des dépenfes des hommes entr'eux.

D. Fort bien, mais pour le préfent il me fuffit d'une fociété feule, pour me trouver bien embaraffé à débrouiller le cahos apparent que fa complication met dans les droits & les devoirs.

R. Quelque vafte que foit la fo-ciété, elle n'en eft pas pour cela plus compliquée. C'eft un océan dont les goutes d'eau font toutes de même nature, n'ont d'effet que par leur en-femble, & fécheroit à l'inftant même, fi chacune d'elles fe trouvoit féparée du tout.

D. Expliquez-moi, fans figures, comment vous entendez cette unité fimple & fociale?

R. Nous l'avons vu dans l'article des avances & dans le cours de la vie agricole. Un pays, une province, un royaume, le monde entier, tout cela n'eſt que le champ dont nous parlions alors. La récolte eſt la proviſion de l'année ſur laquelle chacun doit avoir ſa part en récompenſe de ſon travail. Voila tout.

D. Voila tout? mais montrez-moi donc quel eſt le travail de tout le monde?

R. Volontiers. Le cultivateur ſans doute ne vous embaraſſe pas. Celui-là vit & paye le ſalaire de ſes ouvriers ſur la reſtitution des avances, & travaille pour la récolte prochaine.

D. Et tous ces beaux Meſſieurs que je vois vivre ſans travailler?

R. S'ils ne travaillent pas du tout,

ce font des gens qui attentent à l'ordre en ce qui eft de leur petit pouvoir. Mais pourtant leur portion eft affignée fur quelqu'une des qualités que voici. Ou propriétaires des terres qui vivent fur l'excédent que nous avons dit être à la récolte par de-là la reftitution des avances, ou falariés par leur travail, ou fur la reftitution de leurs avances.

D. Quoi ! les valets ?

R. Sans doute ; c'eft le faifeur de foupe ci-devant.

D. Quoi ! les artifans ?

R. Sans doute : c'eft le tailleur dont nous avons parlé.

D. Quoi ! les détailleurs, les marchands, & tout ce qui compofe le commerce ?

R. Sans doute ; ce font les entremetteurs des échanges qui s'éveillent & s'avifent pour favoir où font les befoins, & où font les provifions, qu'ils achètent en un lieu pour leur compte, & vont revendre pour leur compte dans l'autre. Chacun leur vend & achète d'eux, parce que chacun trouve fon compte à faire ces marchés là; & en faifant ainfi, ils fervent tout le monde, ils trouvent à ce fervice un profit tel qu'il leur refte leur portion fur toutes les chofes auxquelles ils ont mis l'enchère, portion plus ou moins forte felon leur activité, leur induftrie, leur fuccès, & furtout leur habileté & leur travail. Quelque couleur que ces gens-là prennent, & quelque étendue qu'embraffent leurs rapports, ni plus ni moins, tout fe réduit à cela.

D. Et tant de gens qui courent les chemins & les rues?

R. Chacun y va pour ses affaires. Mais tous ceux qui voiturent, semblables au bateau de l'autre jour, sont des employés du commerce & des commerçans?

D. Et ces gens d'art qui font de si belles choses?

R. Entre les rares choses il en est d'essentiellement bonnes; il en est de belles. Les bonnes essentiellement sont celles qui tendent à perfectionner les moyens de l'industrie. Vous vous souvenez du bateau de l'autre jour. Les belles choses sont celles qui servent aux commodités, aux superfluités, à l'ornement de la vie. Celles-là, ne venant qu'à leur rang, deviennent bonnes en ce qu'elles civilisent, égayent, illuſtrent la ſociété, attachent l'homme à ſon ſéjour, le font travailler pour la poſtérité, & l'arrachent ainſi aux excès des appétits ſenſuels qui l'aviliſſent au-deſſous de la brute. Les hommes à talens, qui cultivent ces arts ſupérieurs, participent à la portion des riches qui payent leur travail, & qui ne font riches que d'une groſſe part de ce que la terre a produit.

D. Et les ſauteurs, danſeurs, farceurs, baladins de profeſſion, filles de joye &c. ?

R. Vous confondez en ceci beaucoup de choſes, par une méthode qui appelle ſcandaleuſes des choſes licites par approximation avec d'autres qui ne ſauroient être excuſées. Nous ne ſommes pas ici pour purger la ſociété, mais pour connoître & diſcerner les droits de tous fes membres, car tous ont leurs droits auffi facrés les uns que les autres. Ils ont pris un tel état, parce qu'ils font payés par d'autres qui en font les frais volontairement. Ainfi leurs gains font établis fur la liberté de l'ufage, & la propriété des richeffes de ceux qui les payent. Mais ne confondons pas ici les divertiffe-mens avec les voluptés criminelles. Le travail pour la fubfiftance ne fuggé-reroit qu'un dégout pour la vie ; il faut que le travail nous faffe exifter agréablement, & il faut que l'exiften-ce agréable provoque le travail. Il faut donc, dans l'ordre naturel, des pro-feffions divertiffantes & des divertiffe-mens. L'homme d'abord travaille pour éviter la mifère, mais il n'eft pas con-damné rigoureufement par la nature à travailler & à pleurer. Pleurer eſt un murmure injurieux à la nature bienfai-ſante, qui ne nous inſpire que louan-ges, admiration & reconnoiſſance. Tous les outils de corruption ne ſauroient être excuſés, mais il n'eſt point de profeſſion, de celles qu'on peut nom-mer telles, qui ne puiſſe ſe trouver dans l'ordre réglé des dépenſes, & nulle qui n'ait ſon droit de conven-tion. Quoique ceux qui procurent toutes les ſuperfluités que vous venez de nommer ſoient autant de ſoudoyés des riches ou de la ſubvention com-mune, par une épargne qui leur pro-cure un ſalaire ſuffiſant pour leur entretien.

D. Et ceux qui cultivent les beaux arts, les amateurs de la poëſie & de l'éloquence, les gens de lettres, les érudits, les ſavans? &c.

R. Nous paſſons rapidement d'une extrêmité à l'autre. Mais dans la recherche des droits à la ſubſiſtance, le pas eſt moins inégal à franchir. Ces hommes ſi propres à illuſtrer & à ſervir, à bien des égards, l'humanité & leur patrie, vivent comme tout autre de leur revenu ou de ſalaires : & ſouvent les plus dignes effets de leurs travaux & de leurs études ne ſont qu'un reſpectable emploi de leur loiſir.

D. Et tant d'employés de tous les genres ?

R. Vous en verrez la néceſſité & la place, pour la plûpart, dans le cours ſuivant ; leur place, dis-je, tant que leur emploi ne ſera pas oppoſé à l'ordre de la juſtice. Mais ſoyez ſûr que tout cela vit de revenu ou de ſalaire. Pluſieurs, & le plus grand nombre, enibraſſent dans leur fortune particuliére la participation à ces deux moyens de ſubſiſtance, mais il n'y a rien là de compliqué. Chaque individu a ſon *droit* à la portion de ſubſiſtance qui lui eſt acquiſe par ſon travail, comme auſſi ſon *devoir* de remplir la tâche à laquelle eſt attachée ſa ſubſiſtance. Ce devoir implique celui de travailler à l'extenſion de ſon droit; & cette extenſion entraine néceſſairement celle du devoir. Au milieu de tout cela, la *propriété* de chaque individu ſe montre très diſtincte & très ſéparée. Dans dix millions d'hommes qui reſpectent l'ordre ſocial, vous n'en verrez aucun qui ſoit tenté d'enlever injuſtement la portion de ſon voiſin. Toute propriété dérive de la propriété perſonnelle, & ſe démêlera aiſément

par les principes du droit naturel ;
car c'est dans le respect absolu de la
propriété que consiste toute justice.

LA PROPRIÉTÉ SOCIALE.

D. Mais vous me parlez de revenu: expliquez-moi comment se forme le revenu ?

R. Le revenu est un résultat de la
société.

D. Comment cela ?

R. Pour bien connoître le revenu,
comment il se forme, s'étend & se
reproduit, il faut le considérer comme le produit net de la récolte.

D. Enoncez d'abord ce que c'est
que *produit net.*

R. Vous l'avez démêlé, il y a longtems, en appercevant le produit des

récoltes qui furpaffe les avances, & mifes en frais & travaux de toute ef-pèce à la cultivation.

D. C'eft donc cet excédent qui eft le produit net. Comment eft-il le réfultat de la fociété ?

R. Ecoutez. La fociété eft l'affociation & le concours aux mêmes travaux: cette affociation eft une aide. Nous avons vu que fans aide nos travaux ne fauroient profiter. Or comme le produit net eft un profit par de-là la mife, fon commencement eft l'effet d'un commencement de fociété.

D. Enfuite ?

R. Pour voir comment ce profit va en augmentant, il faut revenir fur le motif qui nous a procuré cette aide. C'étoit pour avoir part à la fubfiftance, que notre compagnon nous a

offert

offert son travail. Ainsi cet accord fut un échange de son travail, auquel vous attachiez une valeur, contre une part de vos provisions, à laquelle il attachoit de son côté une valeur. Par ce moyen il s'est fait un prix de deux choses qui, sans votre rapprochement, n'en avoient pas séparément, à savoir de son travail d'une part dont personne n'avoit que faire, & de votre denrée de l'autre qui vous étoit inutile, puisqu'il vous en restoit encore assez pour vous.

D. Jusques là, je vois que c'est l'échange qui fait la valeur, & je l'avois déja conçu.

R. Vous voyez, je crois aussi, que c'est la société, c'est-à-dire la liaison volontaire des hommes, qui opère l'échange pour leur avantage réciproque.

D. Sans doute : mais il s'agit de me

E

montrer comment elle fait le revenu, ou fi vous voulez le *produit net* ?

R. Nous avons vû que la multiplication des produits dépendoit de la multiplication des travaux : ainfi mon excédent de cette année, pourvu que je l'employe en travaux, m'affure un plus grand excédent l'année prochaine.

D. Eh bien ! que s'en fuit-il de-là ?

R. Que d'excédent en excédent, je deviendrai tous les ans plus riche, & un centre de diftribution fort abondante ; or comme la fociété n'eft autre chofe qu'une troupe d'hommes qui fe preffent & s'induftrient autour d'un centre de diftribution pour y avoir leur portion par échange, je deviens naturellement & felon l'ordre, un centre de diftribution & un point central de fociété, tandis que de-fon côté cette fo-

ciété anime & renforce chaque jour sa
bafe, qui eft le *produit total*, & la partie difponible de ce produit qui eft le
produit net, c'eft-à-dire, la partie qui
furpaffe celle qui doit être remployée à
la culture de la terre.

D. Pourquoi appellez-vous difponible votre produit net feulement ? Eft-
ce que la totalité de votre produit n'eft
pas également deftinée à la diftribution ?

R. Tout, il eft vrai, doit être con-
fommé & par conféquent diftribué.
Mais il eft une diftribution qui eft
exigée par la nature : c'eft ce qui eft
deftiné à remplacer & rétablir toutes
les avances ou les reprifes annuelles
du cultivateur. Nous l'avons vû. Celle-là eft forcée fous peine de voir diminuer la récolte prochaine, & par

conséquent d'ordonner la mort de quelqu'un de ceux qui avoient leur droit
de vivre déja acquis fur le produit
courant. Le refte eft le *produit net.*
S'il eft diftribué conformément à l'ordre naturel des travaux & des dépenfes, il fructifiera au même point que
les avances, & vous vous enrichirez
dans la même proportion ; mais quant
à cette partie, l'ordre n'eft pas indif-
penfable à fuivre pour demeurer du
moins dans le même état.

D. Donnez-moi un exemple de cela ?

R. Vous recueillez cent boiffeaux
de bled, vous en avez dépenfé la valeur de cinquante pour la culture annuelle & tous les frais. Il faut d'a-
bord reftituer, ou mettre à part les
cinquante ou leur valeur, pour re-
commencer la même culture. Car fi

vous n'en remplaciez que quarante, en fuppofant qu'une moindre culture profitât comme une plus forte, encore n'en pourriez vous avoir jamais l'année prochaine que huitante, & vous feriez dépérir d'un cinquiéme : vous favez cela. Maintenant les cinquante boiffeaux reftans font ce que nous appellons *difponibles*. Si vous les employez comme les autres, vous mettrez cent en frais de culture, en avances, qui vous rendront deux cent ou environ l'année prochaine : cela eft clair. Mais enfin, fi vous en avez befoin ailleurs pour nourir vos enfans qui ne travaillent pas, ou telle autre néceffité quelconque, vous en difpoferez ailleurs fans pour cela altérer effentiellement les avances de la culture qui demeureront au même

état en lui reſtituant cinquante ſeulement.

D. Vous m'avez pourtant dit qu'il
y avoit un ordre de diſtribution, par
lequel chaque dépenſe tournoit par
impulſion au profit de la cultivation ;
que cet ordre étoit indiqué par la nature & par l'ordre de nos beſoins ;
que c'étoit là l'ordre de proſpérité,
& que tout autre genre de diſtribution lui étoit contraire ?

R. Cela eſt vrai : mais dans la multitude de transformation qu'éprouve
le revenu, en ſe diſtribuant dans la
ſociété, il ſeroit dangereux d'établir
en principe l'emploi régulier des portions de revenu dont chacun doit jouir
librement comme de ſa propriété. En
ceci quoiqu'un véritable économiſte
doive tout ſavoir peſer, nombrer &

calculer dans une mesure donnée, de manière à fixer jusques à la moindre parcelle des dépenses pour montrer où cesse l'ordre prospère, où commence l'ordre préjudiciable ; néanmoins il est trop dangereux d'attenter en manière quelconque à la liberté. L'indispensable est donc la pleine & entière restitution des avances qui doivent régulièrement retourner au même emploi ; le bon emploi du reste est très nécessaire à la prospérité, & la prospérité l'est à la durée. Mais pourtant cette part peut être dépensée à des emplois en apparence étrangers à la cultivation. C'est ce que nous nommons disponible : c'est le revenu ou produit net, les avances de la culture prélevées.

D. Je vois ce que c'est que le revenu, & comment il fe forme par le concours des hommes qui mettent l'enchère aux produits qui font la bafe de la fociété. Mais ces produits appartiennent d'abord au propriétaire des terres, qui eft-ce qui lui attribue cette propriété ?

R. Je vous l'ai dit, c'eft fon travail.

D. Eh bien ! vous avez travaillé l'année paffée, je veux travailler celle-ci. Sur quoi fe fonde votre droit de m'en empêcher ?

R. Ne le voyez-vous pas ? J'ai épierré ce champ, je l'ai défriché, fofloyé, planté & fait conftruire des logemens pour le cultivateur & fes domeftiques, pour les récoltes, les beftiaux &c. Pouvez-vous me rendre mes avances ?

D. Sans doute, je vous les rendrai:

mais je veux avoir la place libre à mon tour.

R. Eh bien nous n'aurons pas de querelles, & cela se fait tous les jours; car toutes les ventes de biens fonds ne sont que des cessions de propriété au moyen de la restitution des avances estimées de gré à gré.

D. J'entends, & je vois que les acquisitions de biens fonds sont des échanges ?

R. Cela est incontestable, car rien ne va que par échanges, achats & ventes réciproques, rapports entre les droits & les devoirs.

D. Mais à travers de tout cela, le bon bout reste aux propriétaires des terres ?

R. C'est selon: comment l'entendez-vous ?

E 5

D. C'eſt que d'eux part la diſtribution, & qu'il dépend d'eux de fruſ-
trer les autres.

R. Oui, à la condition de mourir
en même tems : car ſans le ſecours
des autres, leurs terres ne rapporte-
ront rien. Ils ſentent ſi bien l'aſſujettiſſement & les hazards de la qualité de receveurs en première main,
que ſi-tôt qu'ils ſont en état de ſe
diſpenſer de labourer eux-mêmes leur
terre, ils en cédent le droit à un autre, en ſe réſervant de gré à gré le
produit net : & c'eſt cette ceſſion à
terme qu'on appelle un bail à ferme,
autre échange du produit poſſible d'u-
ne terre contre un produit net, fixe
& aſſuré.

D. Ceci m'éclaircit encore comment
ſe forme le revenu. Mais, dites-moi,

que fait à tout cela l'argent dont on
fait tant de cas dans le monde.

R. Il facilite les échanges; & comme tout ne va que par échange, il est
bon à tout.

D. Et comment est-ce qu'il a cette
propriété-là ?

R. Par la convention des hommes
de le recevoir au moyen d'une valeur
connue & consentie en échange de
tout. Et c'est si bien cette convention qui lui donne son prix qu'aux
lieux où l'on n'est pas convenu de
s'en servir pour les échanges, il n'a
pas de valeur.

D. Quoi! l'or & l'argent aux lieux
où ils ne servent pas de monnoye
n'ont pas de valeur du tout?

R. Ces métaux ont une valeur rélative à leurs propriétés pour les usa-

ges; ils ont encore une valeur intrin-
féque, & c'eſt celle des dépenſes qu'ils
ont couté pour les tirer des mines,
les épurer, les préparer, &c. & ces
dépenſes qui font conſidérables leur
donnent un fond de valeur qui n'eſt
ni arbitraire ni de convention; c'eſt
fon emploi comme monnoye qui eſt
de convention & qui y ajoute une
valeur de plus que les dépenſes qu'il
a couté.

D. Mais c'eſt la convention des
hommes qui donne auſſi valeur à
tout.

R. Point; le befoin de manger,
celui de ſe vêtir &c. donne une valeur naturelle à tout ce qui peut fatisfaire à ces befoins; mais l'argent
n'a point cet avantage.

D. Il en a donc d'autres?

R. Il est rare, il est indivisible, il est malléable, incorruptible. Ce sont des qualités qui le rendent propre au commerce, & qui l'ont fait choisir pour gage entre les échanges. Ce choix a beaucoup accéleré les échanges & les travaux, & par conséquent vivifié les sociétés qui en ont fait usage selon l'ordre : & voilà ce que c'est que l'argent.

D. Mais l'argent, à ce qu'il me semble, fait revenu ?

R. Comment cela ?

D. Un homme prête de l'argent & en tire une rente : n'est-ce pas un revenu ?

R. Un homme bâtit une maison de pierre, il la loue & en tire une rente : les pierres font donc un revenu ? Cet homme de l'autre jour a fait un bâteau de bois qu'il promène fur la rivière & qui voiture des marchandifes & denrées ; il en tire un loyer qui eft une rente : les planches font donc un revenu ? avec des pierres & du bois, un homme fait un moulin & il moud le bled des voifins, qui pour ce fervice lui en donnent un feizième, & il loue ce fervice à un meunier moyennant une rente annuelle. La meule a donc fait ce revenu ?

D. Qu'eft-ce donc que toutes ces chofes ?

R. Ce font autant de richeffes & non pas des revenus.

D. Qu'entendez-vous par ce mot de *richeffes* ?

R. Ce font les chofes qui ont valeur vénale ou valeur d'échange entre les hommes. Ces chofes font autant

de propriétés pour ceux qui les pof-
fédent; mais il n'y a que la terre
qui porte un revenu; & encore n'eft-
ce que le produit net de la terre qui
fait le revenu.

D. Qu'eft-ce donc que la rente
qu'apportent toutes les chofes que vous
venez de me citer ?

R. Ce font des portions du produit net des terres, attribuées annuellement aux propriétaires de ces chofes, en échange de l'ufufruit de leur
propriété.

D. J'entends cela maintenant pour
les maifons, les moulins & autres chofes d'une utilité vifible. Mais pour
l'argent qui n'eft employé que pour
les échanges, qui paffe de main en
main & dont il ne refte rien à chaque main, comment peut-il apporter
une rente ?

R. N'avons-nous pas dit que l'argent signifioit tout ? Eh bien ! pour mettre en bonne & forte culture cette ferme de trois cents arpens, j'ai besoin en grains, en fourages, en fumiers, en engrais de toute espèce, en bestiaux &c. de tant de choses de chaque espèce, dont l'achat doit, au prix courant, me couter cent mille francs ou deux mille marcs d'argent. Je n'ai pas cet argent, & vous l'avez. Quand vous me prêtez cet argent, c'est comme si vous me prêtiez ces avances. En bonne culture elles me rendent cinquante pour cent de produit net sur la terre. Mais je hazarde, elles dépérissent, & je suis obligé de les entretenir. Votre état, ou votre volonté, ne vous permettent ni les soins ni les hazards. Vous voulez un revenu fixe & affuré : vous l'aurez, mais de beaucoup moindre. Au bout du compte, il fe trouve que votre rente eft une portion du revénu de ma terre qui vous eft acquife à bon droit.

D. Cela feroit bon, fi l'on ne prêtoit qu'aux cultivateurs. Mais des hommes qui ne cultivent point fe prêtent les uns aux autres & établiffent des rentes les uns fur les autres?

R. Toujours fur les portions de revenu, qui leur appartiennent à titre de propriété ou de falaire ; & avec de l'argent qu'on emprunte on peut faire de plus grandes entreprifes de travaux de diférens genres qui multiplient les gains des entrepreneurs à raifon de l'étendue de leurs entreprifes. Mais les gains font toujours payés par les revenus toujours renaiffans de la terre & dont chacun veut avoir une part pour satisfaire à ses besoins, & la plus grande part possible pour augmenter ses jouissances ou ses richesses par des échanges.

D. Je vois que la société ou le concours des hommes autour d'un centre de distribution multiplie beaucoup les propriétés, puis qu'elle en fait de tous les genres. Mais comment & par quel moyen l'ordre peut-il se maintenir au milieu de tout cela ?

R. C'est ce que le cours suivant vous apprendra.

COURS
D'INSTRUCTION
POPULAIRE.

QUATRIEME PARTIE.

LA
VIE POLITIQUE.

D. Jusques ici j'ai connu quels
étoient les droits naturels de l'homme, dont l'usage compose sa *vie naturelle*; comment il ne pouvoit s'en
assurer l'extension & la durée qu'en
embrassant *la vie agricole*: comment
celle-ci entraînoit nécessairement *la vie*

sociale ; & comment la nature affuroit les droits de tous au moyen de l'acquit des devoirs de tous, en ce triple état de vie dont eft compofée la vie humaine. J'ai connu que l'ordre circulaire des droits & des devoirs multipliés étoit toujours fimple & affujetti aux mêmes régles naturelles. Je demande maintenant quel eft l'ennemi de cet ordre entre les hommes, & quel eft fon défenfeur ?

R. L'ennemi de l'ordre entre les hommes, c'eft le défir d'étendre fes droits fans accroitre fes devoirs : c'eft la volonté de jouir fans travail.

D. Mais ce fentiment eft vifiblement injufte. Nous avons dit que l'homme répugnoit naturellement à l'injuftice. Il eft donc naturellement éloigné de ce fentiment ?

R. L'homme ne feroit qu'une machine, s'il n'avoit pas de volonté; & ce ne feroit pas une volonté qu'un penchant invincible vers le bien ou le mal. L'homme eft libre, ce qui fuppofe également le pouvoir de fe perfectionner & celui de fe pervertir; tout homme fentira vivement l'injuftice quand elle lui fera faite. Mais la cupidité qui eft une ardeur défordonnée de fes appétits, l'exemple, le befoin même, le porteront facilement à la méconnoître, quand il la croira utile à fon intérêt préfent.

D. Pourquoi dites-vous *quand il la croira utile ?* Eft-ce qu'au fonds il ne lui feroit pas utile d'ajouter à fon fond celui d'autrui ?

R. Non fans doute, l'injuftice nuit toujours à l'injufte; vous l'avez vû

dans l'exemple du fils. Le rapprochement des hommes, si nécessaire à tous
leurs succès, suppose la confiance. La
justice donc raproche tout, & l'injustice sépare tout. Vous voyez bien
que la séparation & l'abandon ne sau-
roient être au fond l'intérêt réel & so-
lide de personne.

D. Voilà donc l'injustice toujours
imminente & prête à troubler la société ; quelle est sa défense contre cette
invasion & ce désordre ?

R. La loi.

D. Qu'entendez-vous par ce mot,
la loi ?

R. C'est l'ordre lui-même. C'est en
effet le grand ordre seul qui fait &
peut faire la loi des sociétés, comme
celle des individus.

D. Je vous demande qui est-ce

qui peut maintenir l'ordre, & vous me dites que c'eſt l'ordre lui-même.

R. Sans doute: ce bœuf eſt à moi parce que je l'ai acquis & nouri. Vous voulez le détourner & le joindre à votre troupeau, je crie à l'injuſtice, & je la prouve en prouvant que vous prenez ce qui eſt à moi, attendu que je l'ai acquis & nouri. Vous voyez bien que c'eſt l'ordre des avancés qui appuye mon droit.

D. Fort bien : mais ſi je ſuis le plus fort, cette preuve, ni votre réclamation ne vous la feront pas rendre.

R. J'en conviens, & ceci néceſſite une force dominante dans la ſociété, qui veille au maintien de l'ordre & à l'obſervation de la loi, qui dé-veloppe & promulgue la loi, & aſſi-gne les peines qui doivent être attachées à la tranfgreffion de la loi.

D. Fort bien! Je réclame en ce moment contre la force, & vous me renvoyez à la force?

R. Sans doute: car, contre la force, il n'y a de remède que la force. Mais la diférence eft grande: car la force qui vous opprime eft la force privée; & celle qui doit vous fecourir eft la force publique, inftituée pour la fureté de tous.

D. Expliquez-moi donc cette diftinction?

R. L'homme, à moins que fon propre intérêt, ou ce qu'il croit l'ètre, ne l'aveugle, eft naturellement ennemi de l'injuftice: cela fe fent. Un mouvement involontaire & fubit nous intéreffe pour un opprimé. La raifon confirme ce fentiment, en nous montrant

trant

trant que la sureté de l'un fait la sureté de l'autre, & que la sureté de tous fait la nôtre propre. Si-tôt donc qu'un homme réclame contre l'oppression & la prouve, il est assuré de la compassion générale & de l'appui de la force publique.

D. Vous me renvoyez donc à frapper à toutes les portes pour demander justice ?

R. Non, il faut un tribunal plus décisif & plus imposant : & c'est pour maintenir la justice qu'est instituée la souveraineté.

D. Qu'est-ce que la souveraineté ?

R. C'est le représentant & le dépositaire de la force publique pour le maintien de la justice & des droits de tous.

D. Et qui l'a instituée ?

F

R. Dieu lui-même, la nature & la loi.

D. Comment cela ?

R. Nous avons vu que pour que la vie naturelle de l'homme fût assurée & conſtamment dotée, il falloit qu'elle fût agricole ; que pour que la vie pût être agricole & profitable, il falloit qu'elle fût ſociale & qu'une grande partie des richeſſes de la ſociété ſoit toujours en réſerve pour la reproduction annuelle des richeſſes néceſſaires aux beſoins des hommes. Votre propre raiſon demande à préſent pour maintenir la vie ſociale qu'elle ſoit auſſi politique.

D. Qu'entendez-vous par ce mot, *la vie politique ?*

R. J'entends la vie des hommes en rapports équitables & conſentis entre l'autorité & l'obéiſſance.

D. Eh bien donc! Comment Dieu a t-il institué la souveraineté?

R. En instituant la loi & son autorité souveraine.

D. C'est-à-dire, que la loi est la souveraine de la souveraineté ou de ceux qui la représentent?

R. Qui en doute? Les tyrans même prétendent ne vouloir commander que pour donner des loix, & ces loix ne vont pas à régler le soleil.

D. J'avois cru que la force avoit institué la souveraineté?

R. La force peut bien avoir usurpé le pouvoir; mais ce n'est pas par l'usurpation qu'elle commande. La force seule, sans utilité quelconque, ne domine que dans les prisons.

D. J'avois cru possible aussi que le pouvoir souverain eût acquis sur nous une partie des droits de la paternité ?

R. Vous étiez dans le vrai. C'eſt à titre de retour pour les bienfaits que l'autorité a droit à notre reſpect & à notre attachement même gratuit: ſans elle nos pères n'euſſent rien conſervé & ne nous euſſent tranſmis ni la ſubſiſtance ni la vie. L'autorité ſouveraine eſt donc vraiment paternelle ; & ſi elle ne l'étoit, elle ne ſeroit pas dans la loi. Mais la loi circonſcrit auſſi les droits du père, nous l'avons vû, votre propre père ne peut rien ſur vous par de-là la loi.

D. Et quelle eſt - elle cette loi qui borne l'autorité ſouveraine ?

R. Elle ne la borne point, elle l'établit: ſeule elle peut la maintenir, l'aſſurer en puiſſance & l'étendre ; & cette loi c'eſt le *reſpect de la propriété.*

D. La souveraineté donc est proprement la force publique qui veille au maintien de la justice & à l'observation de la loi?

R. Oui, & par cela même, elle est puissance tutélaire & conservatrice des propriétés.

D. Et quelle est la base de l'autorité tutélaire?

R. Les avances.

AVANCES POLITIQUES.

D. Qu'est-ce que les avances de la souveraineté?

R. Les mêmes que celles de la prospérité de la société, que celles de la paternité, que celles de la vie, que celles de la perpétuité de la reproduction annuelle des revenus de la nation.

D. Expliquez-moi la marche & la réalité de cet aperçu ?

R. Les premières avances ont fait la vie, un acroiſſement d'avances a fait la paternité ; car le fils n'auroit pû vivre ſi le père n'eût eu quelques avances par de-là ſa propre ſubſiſtance, pour faire vivre l'enfant dans ſa débilité. De plus fortes avances ont fait la ſociété, c'eſt-à-dire le concours des hommes offrant leurs travaux en échange d'une portion des produits. L'acroiſſement ſucceſſif, progreſſif & naturel des avances, fait enfin la ſouveraineté ou du moins l'autorité tutélaire qui l'exerce.

D. Mais, ſi la ſouveraineté eſt la loi, la loi n'étant autre choſe que celle

de nos befoins & des rapports de notre travail, avec les moyens de les
fatisfaire, la fouveraineté nâquit avec
le premier homme & veilloit autour
de lui.

R. J'en conviens : auffi ai-je dit
l'autorité tutélaire ; car d'ailleurs, la
fouveraineté confifte dans la loi, &
la loi toute entière dans le refpect
de la propriété. Mais la fanction de
cette loi repofe toute entière dans le
fein de la nature, jufqu'à ce que les
hommes réunis en corps politique fur-
veillant à tous les intérêts de la Communauté ayent établi entr'eux une autorité tutélaire de la loi & revêtue de
la force néceffaire pour la faire ref-
pecter. La nature venge infailible-
ment, il eft vrai, les infractions de
la loi, mais elle les venge par la di-

minution & l'extinction des produits;
& la vengeance alors étendue fur l'efpèce entière frappe l'innocent comme
le coupable. Il faut donc prévenir fes
arrêts, réparer fes dégradations, &
réprimer le déréglement des paffions
défaftreufes ou plutôt le prévenir par
la vigilance. C'eft-là la fonction de
l'autorité tutélaire. C'eft ce qui fait
dépendre de fon inftitution, de fa force & de fon exercice, le falut entier
de la fociété.

D. Comment donc eft-ce que la
fociété fait la fouveraineté, tandis
qu'elle ne peut être maintenue que
par elle?

R. La fociété ne fait point la fouveraineté; mais elle la dote, elle la
conftitue en puiffance.

D. Comment cela?

R. Sur une portion de l'excédent ou produit net des terres, portion deftinée à faire la part de la fouveraineté & à la mettre en force & en puiffance.

D. Comment en puiffance?

R. N'avons-nous pas dit que le riche, c'eft-à-dire, celui qui avoit beaucoup d'excédent à dépenfer difpofoit des fervices d'un nombre de confommateurs proportionné à cet excédent?

D. Oui: eh bien!

R. Eh bien! une portion du produit net de chaque champ de l'Etat fait en totalité une groffe maffe de richeffes, cette part appartient à l'autorité, & par-là l'autorité difpofe d'un grand nombre d'hommes pour la défenfe de la loi & des propriétés.

D. Fort bien: je vous vois établir

F 5

une puiſſance. Mais cette puiſſance appartiendra à des hommes, & puiſ-qu'il eſt fort à craindre que les autres hommes ſoyent injuſtes, qui nous ré-pondra que ceux à qui nous donnons tant de force ne le ſeront pas.

R. Qui? L'inſtruction?

D. Que voulez-vous dire?

R. Ne venez-vous pas de voir clai-rement que l'injuſtice détruit toutes les avances. Ce que vous voyez, il faut que tout le monde le voye. C'eſt là ce que j'appelle l'inſtruction. Si elle n'eſt générale, les clairvoyans ſeront d'un avis, les aveugles de l'au-tre. C'eſt la différence des opinions qui fait entre les hommes la guerre qui détruit tout. Il faut donc que l'inſtruction ſoit générale ; & alors le Souverain verra qu'il a un intérêt particulier à la conservation & à l'augmentation des avances qui font celle du produit net, sur lequel il a sa part. Cet apperçu lui montrera son intérêt personnel dans la justice : & supposé qu'on lui fit illusion sur cela, le cri général le raméneroit sur la voye.

D. Mais si l'instruction générale doit faire cet effet là, elle nous tiendra lieu de Souverain, & l'on peut s'en épargner la dépense ?

R. Oh que non ? par deux raisons simples & palpables. La première est que personne dans la société n'a, comme le prince, un intérêt personnel & égal à la généralité des avances. Si je puis spolier mon voisin d'une partie de ses avances, pour grossir les miennes ou celles de mon parent ou de mon ami, la sanction de la grande loi contre mon injustice, perdue dans la foule, peut bien disparoitre à mes yeux fascinés par l'intérêt prochain & momentané: mais le prince, qui a sa part sur le produit de mon voisin comme sur le mien, fait que ce rapt attente à son intérêt même indépendamment de ce qu'il attaque l'ordre au maintien duquel le Souverain est préposé. Ainsi l'intérêt présent aide chez lui à l'équité, tandis qu'il m'en écarte: première raison. La seconde, c'est que l'instruction elle - même, sa généralité, sa perpétuité, ont besoin de la vigilance publique qui exige la souveraineté, dont ce soin est la principale fonction.

D. Il faut donc consentir à doter la souveraineté, de manière qu'elle prédomine en force fur toute autre fortune particulière. J'en vois la nécessité : mais eſt - il befoin pour cela d'une portion du produit net de toutes les terres ?

R. Sans doute, puiſqu'il doit les garder toutes ; fans cela il abandonnera celles auxquelles il n'aura aucun intérèt : & vous ſavez qu'il n'eſt pas juſte que perſonne travaille fans intérèt.

D. Mais pourquoi rien que fur le produit net ?

R. Vous ſavez bien que tout le reſte eſt deſtiné à des avances indiſpenſables.

D. Je veux dire que nous entendons par le produit net le revenu. Or le revenu, nous l'avons vû, fait tant de circonvolutions dans la diſtribution ſociale, que le propriétaire apparent des terres eſt ſouvent celui qui en a le moins de revenu. Pourquoi lui prendre à lui tout ſeul la portion du Souverain ?

R. Vous ai-je dit que c'étoit à lui ? j'ai eu tort. C'eſt ſeulement à ſa terre. Les avances de toute eſpèce prélevées, voilà le reſtant. On prend la part du Souverain d'abord, mais ſeulement ſur la terre.

D. Cette réponſe ne feroit qu'une ſubtilité, car voici le fait. Ma terre me rend huit mille livres de rente, je dois cent mille livres, pour leſquels je paye d'intérêt cinq mille livres, il ne m'en reſte donc que trois mille. Je ſuppoſe que la part du Souverain ſoit au huitième, le Souverain prélève un huitième ſur le revenu réel de ma terre, mais réellement un tiers ſur moi,

tandis que le propriétaire caché de
cinq des huit portions de ma terre ne
paye rien. Où eſt la juſtice à cette
forme-là?

R. Vous dites toujours ma terre :
mais cette terre n'eſt pas à vous tout
ſeul, elle appartient auſſi au Souverain qui vous en aſſure la poſſeſſion
par ſa puiſſance, cette puiſſance eſt
fondée ſur cette redevance d'une portion des richeſſes annuellement renaiſ-
ſantes qui doit former le patrimoine
public : & cette part ne ſe vend point
à celui qui achète une terre, celui
qui l'eut par héritage n'hérita pas de
cette part due au Souverain, elle eſt
inaliénable. L'argent que vous avez
emprunté n'a ſervi qu'à payer la part
que le vendeur avoit à la terre que
vous achetez. Et cette part que vous

avez acquife n'eft pas celle qui appartient au Souverain , & à laquelle vous n'avez aucun droit.

D. Le Souverain y a donc une part, parce qu'il m'affure la poffeffion de la mienne. Et n'affure-t-il pas auffi à ceux qui n'ont pas de terre la poffeffion de leurs richeffes ? Or je ne vois pas pourquoi c'eft la terre qui doit fournir en total le revenu de la fouveraineté.

R. Je vais vous en faire voir la juftice, & enfuite l'utilité. Quant au premier point rappellez-vous le marché que votre rentier a fait avec vous quand il vous a prêté fes avances. Il a renoncé à la propriété de fa chofe, ou pour toujours, ou à terme, & à tout le profit qui en peut réfulter. Il ignore fi vous les employez

en avances foncières qui vous acquiè-
rent une propriété qui vous convient,
ou en avances primitives de la culture
qui vous donnent l'exiſtence & vous
ouvrent la carrière de tous les profits, ou enfin en avances annuelles
qui doivent vous rendre cent pour
cent de produit net. Il renonce à tout,
& ne veut qu'une rente aſſurée, fixe
& exemte d'impôts. C'eſt un propriétaire effectif, qui teſte en votre
faveur ſous penſion, & ſeulement pour
jouir d'une tranquilité conditionnelle.
En réſignant les profits il a réſigné les
charges. C'eſt à vous à veiller à la
ſûreté du tout. Vous connoiſſiez les
charges ſociales & celles de la propriété foncière; vous dûtes les faire
entrer dans l'apperçu qui vous déter-
mina à contracter cet engagement vo-

lontaire ; vous dûtes les calculer , fuppofé que l'impôt fixe & naturel fût établi quand vous avez contracté ; vous dûtes les fuppofer d'après la nature des chofes ; vous dûtes les prévoir , dis-je , comme la grêle qui frappe la récolte de vos champs & ne porte pas fur la part de votre rentier , en cas que l'affiète de l'impôt fût encore indécife quand vous avez contracté. Mais dans tous les cas c'eft à vous à le tenir franc & quitte des charges d'une propriété à laquelle il a renoncé.

D. Voilà pour la juftice , foit. Venons maintenant à l'utilité. Il feroit , je crois , difficile de me prouver qu'il puiffe être utile ou même qu'il ne foit pas nuifible que le propriétaire foit accablé fous le faix de fes propres det-

tes & des charges de l'Etat, de manière à avoir bien de la peine à vivre, bien loin de pouvoir améliorer
ſa propriété.

R. Votre propriété ne paye rien à
l'Etat. Vous confondez avec votre propriété la part que vous n'avez pas acquiſe & qui eſt inaliénable. Préten-
driez-vous auſſi que le champ de votre voiſin eſt votre propriété, parce
qu'avec le produit de ce champ vous
pourriez mieux améliorer votre propriété : vous ne manqueriez pas de
raiſons, ce me ſemble, pour vous emparer du bien d'autrui. Vous ai-je
dit que les dettes des propriétaires fuſ-
ſent un bien, ſurtout en tant qu'elles tiennent au dérangement ? Peut-
être penſez-vous que le beſoin d'un
impôt eſt un mal. Mais ce mal ne

tient point à l'impofition directe de l'impôt, c'eft-à-dire, à fon affiète fixe fur le produit net des terres. Il eft la fuite, fi vous le voulez, d'un défordre : mais l'impofition directe eft le remède le plus fûr. C'eft donc uniquement l'utilité de la franchife du rentier, & de fon immunité de tout impôt qu'il faut vous démontrer.

D. Sans doute, & c'eft cela uniquement qui nous importe en ceci ; car quant à ce qui eft de la juftice, que peut-elle oppofer à la néceffité ?

R. Tout fans doute : mais fuivons notre queftion : pour cela d'abord regardons de plus près à la nature du revenu de ce rentier, & nous verrons que c'eft un falaire comme tout autre : car le capital qu'il vous prête eft acquis par fon travail. Je vous donne à vous propriétaire mon travail d'une ou de pluſieurs années, & vous me donnez tant par année ; la ſomme à laquelle ſe monte cette ſolde annuelle fut cómpenſée lorſque nous nous accordâmes vous & moi, fut réglée, dis-je, par mon beſoin & par le vôtre comparés avec nos beſoins reſpectifs. Si tout à coup le fiſc du tréſor public vient me demandèr ſa part ſur mon ſalaire, en vertu d'un droit fondé ſur ce qu'il eſt le protecteur & le gardien de la fidélité & de la liberté de notre marché, comme auſſi de ma propriété perſonnelle, qu'arrivera-t-il ? c'eſt qu'il augmentera mon beſoin ſans rien diminuer ſur le vôtre. Cette impoſition mal entendue n'augmentera pas la recette, & il faudra que mon ſalaire ſoit plus fort ;

car il faudra que je gagne pour vivre & pour payer l'impôt : il en fera
de même de la rente du prêteur, car
il faudra qu'elle puiſſe ſatisfaire au
double beſoin. Il faudra donc augmenter la rente de toute la portion
qui ſera enlevée pour le fiſc, ou l'on
ne vous prêtera pas, on cherchera à
faire un meilleur emploi de l'argent,
ou vous vous réſoudrez à dédomma-
ger le prêteur. Ainſi l'impôt que vous
vouliez établir ſur la rente retombera
par ricochet ſur vous.

D. J'entens & je comprens, ſans
pouvoir me réſoudre à conſentir, combien l'oubli de l'ordre naturel nous a
éloignés de l'état ſocial, naturel & proſ-
pére. Pourſuivez votre démonſtration.

R. Il en ſera de même pour tous
les ſalaires chargés d'impôts ; les pro-

priétaires qui payent les rentiers &
les falaires, & qui payent auffi leur
part de l'impôt, payeroient donc un
double impôt, ce qui eft impoffible
parce que le produit de leurs terres
ne pourroit pas fuffire à ces charges
& aux dépenfes de la culture, fans
enlever prefque tout le produit net.

D. Mais point: je crois que felon
l'ordre naturel des chofes, nous nous
préterons de part & d'autre aux charges, & que le fifc prendra ainfi un
peu fur l'un & un peu fur l'autre.

R. Attendez & voyez qu'il ne peut
rien prendre fur moi qui n'ai que
mes gains pour vivre, qu'il ne le pren-
ne en entier & réellement fur vous,
qui, dans le fait, devez débourfer tous
mes gains; fur vous qui êtes fixé
au revenu de votre terre. Car de deux

choſes l'une: ou preſſé par la concur-
rence & par mon propre beſoin, je
n'ai demandé en vous engageant mon
travail que mon plus étroit néceſſaire, auquel cas il n'y a pas à reculer
au-delà, & c'eſt à vous à ſolder tout
ce qui ſera pris ſur mon néceſſaire,
autrement l'impôt me feroit déſerter.
Ou bien dans l'autre cas, le beſoin
peſant plus de votre côté que du mien,
ce feroit vous qui ſubiriez la loi de
la néceſſité, & me donneriez en effet
plus que cet étroit néceſſaire. En ce
cas la néceſſité que vient nous impoſer le fiſc ſera contre vous tout de
même. Vos chevaux, vos troupeaux,
ſont à vous. Pourriez-vous payer la
taille en leur retranchant une partie
de leur ſubſiſtance ? Voyez ſi cet ex-
pédient vous réuſſira. En un mot, il

faut

faut voir dans le cercle des travaux, par lequel d'entr'eux le travail géné-ral commence; car c'eft inévitable-ment toujours à celui-là à folder tous les dépens tant néceffaires que faux frais.

D. Je vois, il y auroit de l'injuf-tice & du double emploi à vouloir prendre la partie du fifc fur les falai-res, & il n'y auroit plus de mefure pour régler l'impôt, & ce défaut de mefures feroit enfin funefte à l'impôt & aux contribuables. Je comprends cela.

R. Bon. Qu'il vous en fouvienne pour ne plus revenir à demander l'im-pôt à toute induftrie quelconque, à tous gagiftes, penfionnaires, ouvriers, artifans, commerçans, artiftes, ni à ce bateau, exemple de toutes les voitures & voituriers, ni à ce moulin, exemple de toutes les machines & machiniſtes, ni à cette maiſon qui fait pour tous les loyers. C'eſt déja beaucoup que d'avoir écarté de la contribution tous ces doubles emplois, dont la richeſſe apparente, comparée avec l'état de dépouillement des propriétaires dans l'état de déſordre, faſcine les yeux d'un fiſc avide, & excite l'envie même des propriétaires opprimés ; c'eſt beaucoup, dis-je, que d'avoir écarté tous ces preſtiges ſans plus de diſcuſſion. Il ne s'agit donc plus que de ce rentier. Mais daignez le regarder comme un penſionnaire. Il l'eſt en effet, & s'il ne vous a pas donné ſon travail perſonnel en gage, il vous a donné bien plus, car il vous a livré des fonds qui correſpondent à

mille travaux comme le fien. Son impôt
feroit donc par nature un double emploi, comme tous les autres ci-deffus:
& en outre avant de livrer déformais
fes fonds, oififs dans fes mains, à
d'autres mains laborieufes qui les faffent travailler, fructifier, & multiplier,
inftruit par fon expérience, il prendra fes précautions pour imputer les
charges au travail, il perdra la confiance, il interceptera, autant qu'il fera
en lui, tous les rapports, en refufant
fes fonds à la demande de ceux qui
en veulent faire un bon ufage.

D. Je conçois que, foit par le double emploi, foit par la difficulté d'u-
ne affiète régulière, foit par la con-
fufion que ce genre de levée jetteroit
dans la perception de l'impôt, toute
impofition fur les perfonnes, fur les

falaires & fur les rentes, eft difcordante & dangereufe ; mais n'oubliez pas, je vous prie, que c'eft l'utilité de l'immunité abfolue de ce rentier que vous avez promis de me montrer.

R. Mais il me femble qu'en prouvant que fa furcharge directe eft nuifible aux propriétaires & par conféquent à la cultivation, c'eft prouver que fon immunité fera utile. Et les rentiers ne pourroient-ils pas, comme vous, acheter de la terre au lieu de prèter à d'autres leur argent à rente & de courir des rifques pour le capital & pour la rente. Quelle diférence y auroit-il alors entr'eux & vous ?

D. Il eft pourtant bien dur de voir de riches rentiers & autres titulaires d'argent ne rien devoir à l'impôt défenfeur d'une fociété qui les engraifse, tandis que les contribuables succombent sous le poids.

D. Dites, *il seroit*: car malheureusement jusqu'à ce jour tout fisc désordonné a cru qu'il falloit faire la guerre à la richesse : mais elle lui échappe malgré lui. Il charge les consommations au préjudice du prix des denrées qui fait le revenu. Les riches se retranchent sur leur dépense ; & sans se priver de rien d'essentiel, ils trouvent le moyen de rejetter le fardeau sur la production. Ils n'offrent aux taxes personnelles qu'une tête, tandis que le pauvre laborieux en présente dix. En un mot la richesse échappe à l'avidité du fisc : mais nous, qui étudions l'ordre & rien de plus, considérons ce riche rentier comme un riche propriétaire qui, malgré

le payement exact fait à l'impôt de fon
droit dû fur fes fonds, jouiroit encore d'un grand fuperflu, qui feroit
déformais exemt d'impôts, & qui pourtant n'offenferoit perfonne. Revenons
au point fixe. Nul homme ne produit rien à l'impôt. Mais il lui eft
dû d'abord fa part fur le produit net
des terres, devienne tout le refte ce
qu'il voudra. Une fois pour toutes,
mettez en fait que les propriétaires
même les plus riches ne payent point
l'impôt qui s'élève fur les terres ; il
eft le revenu de la part de leurs terres qui appartient au Souverain &
qu'ils n'ont jamais acquifes ni pu acquérir. Par cet arrangement leur propriété eft exemte d'impôts. Pourquoi
la propriété de ceux qui n'ont pas de
terre ne le fera-t-elle pas auffi ; &

pourquoi cette espèce de jalousie vous porte-t-elle à vouloir nuire à autrui?

D. C'est que je ne peux pas me mettre dans la tête que ma terre n'est pas à moi seul, qu'il y a deux propriétés, celle du Souverain & la mienne dans le produit d'un même champ. Cette distinction ne me touche point, apparemment qu'elle ne m'est pas agréable.

R. Je n'en serois pas surpris pour d'autres: mais pour vous, qui êtes instruits, qui aimez l'ordre, la justice & par conséquent la sureté des propriétés, tout cela cependant doit s'accorder dans votre tête; vous convaincre & par conséquent vous persuader, il ne s'agit plus après que d'étudier & calculer pour y trouver votre compte & les régles de l'ordre

ſocial & de l'ordre politique les plus
avantageux aux hommes réunis.

D. Mais la propriété du Souverain
& la mienne ſont-elles bien réglées?

R. Elles ſont réglées par la nature
même, au plus grand avantage du
Souverain & au plus grand avantage
pour vous. Mais il faut de part &
d'autre étudier le code de la nature.
Vous m'avez fait un aveu ci-devant
qui m'a fait appercevoir que vous l'en-
tendiez aſſez bien, & que quand vous
l'entendrez mieux, vous verrez que
perſonne ne doit payer l'impôt.

D. Mais quelles ſont les conditions
qui fixent la quotité reſpective du revenu de ces deux propriétés?

R. Je n'entends pas bien.

D. Je demande qui eſt-ce qui dit,
ſur le produit d'un tel champ, il y

aura tant pour le propriétaire, tant pour le Souverain.

R. Ce doit être la loi de l'Etat, la loi générale & nationale qui attribue tant au Souverain sur le produit de chaque champ.

D. Mais enfin qui est-ce qui fera le compte?

R. Ce compte dépend de celui des avances & reprises indispensables qu'il faut calculer avant de fixer le produit net, & quant à ce calcul si important il dépend du prix naturel ou de l'échange libre des productions de la terre. Ainsi c'est encore dans le code de la nature où les hommes doivent puiser à cet égard les régles de leur conduite. C'est la nature qui les alimente & qui prescrit la distribution de ses dons avec tous les rap-

ports néceſſaires pour en aſſurer la reproduction perpétuelle. Ces rapports
ſont tous eſſentiels & leur enchaînement merveilleux eſt entiérement d'inſ-
titution naturelle, où tout eſt réglé
par compte & par meſure pour la
part de chaque individu, ſans qu'il
ſoit permis aux hommes d'en changer l'ordre ſous peine de tomber dans
la miſère la plus cruelle par la privation des ſubſtances alimentaires & par
le dépériſſement de la reproduction.

D. J'entends & je ſais que la valeur vénale des denrées fait la quotité
du revenu en général : mais c'eſt la
quotité reſpective & la proportion fixe
entre le revenu du Souverain & celui du propriétaire que je vous demande.

R. A cet égard c'eſt en ceci ſeulement que les hommes peuvent ftatuer pour fixer la part de l'impôt par une loi nationale fixe & qu'on ne puiffe changer, de manière qu'il revienne un grand intérêt au propriétaire de conferver & bonifier fon champ, & au Souverain, d'obferver toutes les conditions qui affurent & améliorent les propriétés.

DROITS ET DEVOIRS
POLITIQUES.

D. **V**Oila donc la fouveraineté fondée, la voila dotée. Voyons maintenant quels font les droits & les devoirs refpectifs entre l'obéiffance & l'autorité.

R. **Le droit de** l'autorité eft de

pouvoir tout pour le maintien de l'ordre & de la juſtice, & ſon devoir eſt de ſe conſacrer toute entière à la conſervation & à l'extenſion de ſon droit.

D. Et quel eſt cet ordre dans lequel conſiſte la juſtice ?

R. Nous l'avons dit ſouvent, dans le reſpect abſolu de la propriété.

D. Et quelle peut être l'extenſion d'un tel droit ? l'exacte obſervation de la juſtice n'a rien par de-là.

R. Fiez-vous-en à la nature. Nous avons reconnu que tout étoit fondé ſur la loi phyſique, même les vertus. Nous avons reconnu pareillement que la fertilité de la terre, où gît la proſpérité phyſique, n'avoit point de bornes. Pourquoi & comment voulez-vous en trouver au pouvoir protecteur & conſervateur des dons de la nature? Non, chacun a le devoir d'étendre ſes intérêts. L'intérêt du Souverain eſt l'ordre & la juſtice, d'où réſulte l'extenſion de ſon droit phyſique. Il doit y tendre tout comme les autres, & c'eſt ce qu'exige ſon devoir.

D. Et ſur qui s'exerce ſon droit?

R. Je n'entens pas.

D. Quels ſont les hommes ſoumis à ſon autorité?

R. Tous les délinquans ou accuſés & plaignans quelconques ſur le territoire de la ſociété, qui le reconnoit pour ſon Souverain.

D. Quoi! Eſt-ce que tous ſes ſujets ne ſont pas également ſoumis à ſon autorité?

R. Sans doute, telle que je viens de la dire.

D. Mais ici, il me semble que vous ne me faites reconnoître un Souverain, que dans le cas de plainte active ou passive ?

R. Il est vrai : mais de quelle autorité donc voulez-vous parler ? Je reconnois le Souverain dans tous les tems : je lui voue respect & attachement. Mais, quant à l'obéissance, je la lui rends toute en m'aquittant de mes devoirs, veillant à mes droits & respectant ceux des autres.

D. Quoi ! vous attendrez pour lui porter un hommage direct d'être cité à son tribunal ou d'y avoir recours ?

R. Oui, quant à mes démarches extérieures indépendamment des sentimens d'attachement & de respect. Mais examinons ensemble si ce n'est rien que le devoir de l'obéissance tel

que je le considère dans un sujet. Je
vis tranquille & à mes affaires, il ne
tient qu'à un sujet inquiet d'élever
contre moi la prétention la plus folle;
à la voix de l'ordonnateur ou de ses
préposés par lesquels il doit veiller à
tout, je suis obligé de tout quitter,
d'obéir, de vaquer à la défense de
mon droit, & de subir son jugement
& même ses méprises : ou bien un fol
me fait un affront sanglant, & qui
révolte tous les témoins : d'un souffle
je pourrois venger mon injure & réparer mon droit, mais la qualité de
sujet me lie les mains, & je ne puis
que recourir à un vengeur & à un
juge. Le devoir social, le respect de
l'ordre, le droit du Souverain me
font une loi de cette obéissance exacte
& pénible; mais au de-là des bornes

de la fupériorite fouveraine, je ne reconnois rien entre Dieu & mon devoir, & mon devoir eft uniquement l'extenfion de mes droits; rien de plus, à moins que par quelque engagement perfonnel je n'aye contracté le devoir d'un fervice plus particulier, foit envers le public, foit envers la perfonne du Souverain.

D. Et les cas de dévouement?

R. Je les ai énoncés généralement. Un fils doit toujours être dévoué à fon père, un fujet à fon Souverain qui eft le père univerfel. Les cas dont vous parlez font le par delà du devoir ftrict; c'eft la *vertu*. Mais dans le devoir, ce que j'ai dit eft à quoi fe borne celui de l'obéiffante envers l'autorité.

D. Et l'autorité de fa part?

R. J'en dois attendre protection &
sauvegarde dans tous les cas, & pour
tous mes droits renfermés dans ma
propriété.

D. Et les secours personnels?

R. C'est encore ici le par de-là du
devoir stricte, en observant toujours
qu'il ne sauroit y avoir d'excédent
pour la vertu; que le devoir ne soit
exactement rempli. Le devoir est d'o-
bligation stricte pour tous; & s'il est
un excédent, le particulier, à cet
égard, a plus de carrière à proportion que le Souverain; attendu que le
premier paroit disposer de son bien
propre, au lieu que le Souverain dis-
pose du revenu de la souveraineté
dont l'emploi fixe est destiné à l'avantage de la société qu'il gouverne.

D. C'est donc là le sommaire des

droits & des devoirs respectifs des Souverains & des sujets ?

R. Oui. Le sujet doit au Souverain respect & subordination sociale, attributions foncières & légales, & soumission à sa jurisdiction. Le Souverain doit au territoire sauvegarde, protection, défense, entretien & amélioration des débouchés qui facilitent la communication sociale ; qui ouvrent la voye au commerce porteur de la valeur vénale, qui seule invite la production, & donne aux cultivateurs les moyens de la solliciter. Il doit à tous ceux qui habitent, travaillent & consomment sur ce territoire, l'instruction aux frais du public pour ceux qui ne peuvent la recevoir de leurs parens, la protection & la défense de leurs droits quelconques, c'eſt-à-dire, de leur propriété.

D. Mais qu'eſt-ce qui conſtitue le ſujet?

R. Le ſujet eſt proprement tout homme qui vit ſur le territoire de la domination du Souverain, & qui ſe trouve alors aſſujetti à la juriſdiction ſouveraine du pays, & par cela même confié à ſa protection. Le régnicole eſt vraiment celui qui poſſede des propriétés non amovibles ſur le territoire, & qui eſt plus étroitement aſſujetti à la réſidence.

D. Quoi donc? un étranger ne peut-il pas poſſéder des fonds & même de grandes propriétés dans un pays, ſans être pour cela régnicole?

R. Qu'entendez-vous d'abord par ce mot un *étranger*?

D. Un homme qui fait profession de reconnoitre un autre Prince quant à sa personne & à son habitation, d'être membre d'une autre nation.

R. La définition est juste; car, à cela près, nul homme n'est étranger à un autre homme, puisque l'intérêt de l'un est inséparable de l'intérêt de l'autre, comme nous l'avons vu. Mais l'homme dont vous me parlez est régnicole dans l'un & l'autre territoire, puisque, selon les lieux, il portera ses affaires aux deux différens tribunaux également, & sa contribution aux deux différens trésors. A l'égard de sa personne, c'est selon les lieux qu'il habite, qu'il reconnoit l'une ou l'autre jurisdiction.

D. Quoi donc ? Est-ce qu'on peut se vouer à deux maîtres ?

R. Oubliez donc ce mot de *maître* qui ne convient qu'à ceux qui ont engagé leur service personnel. L'homme naturel, l'homme agricole, l'homme social, l'homme politique enfin, un citoyen n'a point de maître que la loi par le besoin, & Dieu par la nature.

D. Quoi donc ? Est-ce qu'il n'y a pas dans la société des devoirs plus strictes pour un sujet que pour d'autres ?

R. Nous avons vu que les droits étoient la mesure des devoirs, par conséquent celui à qui la société assure plus de droits lui doit aussi plus de devoirs.

D. Je m'explique mal : je veux dire si l'un dans le droit n'est pas plus sujet que l'autre ?

R. Le droit des bienfaits est, pour

la fociété, comme pour les particu-
liers, un fond d'avances qui oblige à la
reftitution celui qui les a reçues. Celui qui reçut le jour, l'éducation, &
furtout l'inftruction dans une fociété
& par les foins d'une fociété lui doit
plus fans doute que celui qui vint
tout formé y apporter fon travail, en
échange de fa fubfiftance. De là vient
l'anathème général contre un transfu-
ge, à moins que la lézion abfolue &
criante de fon droit ne l'ait, en quelque forte, difpenfé de fon devoir,
par l'impoffibilité même de le rendre.
Cet anathème groffit en raifon de ce
que ce délinquant reçut plus de la
fociété qu'il abandonne, comme auffi
il diminue en raifon de ce qu'il doit
moins à la patrie qui le reçut & l'en-
tretint en quelque forte comme un

enfant du hazard. Tout devoir enfin prend sa source dans le physique & en reçoit son aliment. Trois jours de refus de subsistance trancheroient par la mort inévitable tout cercle de droits & de devoirs.

PROPRIETÉ POLITIQUE.

D. Maintenant dites-moi qui est-ce qui établit les bornes territoriales d'une société ?

R. C'est le ressort de la jurisdiction de la souveraineté.

D. J'entens bien que le ressort de la jurisdiction finit à la frontière de l'état. Mais qu'est-ce qui l'a marquée cette frontière ?

R. Vous le voyez : ce sont les pactes & les traités entre les Souverains qui font cenfés traiter au nom de la fociété, dont les intérèts leur font confiés.

D. Mais n'y a-t-il pas dans l'ordre une borne phyfique & naturelle des états ?

R. Sans doute : mais prenons garde de rien embrouiller ; car toute notre étude ne confifte qu'à tout démêler. Toute la terre habitable eft fufceptible de cultivation. Tous les champs poffibles n'ont qu'une feule & même deftination, qui eft d'être une fource de productions & un centre de diftribution. Toutes ces productions n'ont qu'un intérèt commun qui eft l'échange libre & facilité par-tout par le gouvernement.

D. Je vous arrête là, s'il vous plait.

L'intérêt

L'intérèt de la production; c'eft la valeur vénale des produits, nous l'avons vu, & voila ce qui rend l'échange ou le commerce fi néceffaire. Or, par le principe que nous avons vu, que la concurence des vendeurs faifoit baiffer les prix, plus il y aura de denrées, moins elles auront de valeur; & par conféquent l'intérèt d'un champ eft contraire à l'intérèt d'un autre.

R. Nous voila revenus par parcelles à votre première idée qui fut de voir tous les befoins des hommes en oppofition au lieu de les voir en concours. La même folution vous en débaraffera fans doute. Je vous dis alors que la nature inépuifable s'obligeoit à pourvoir à tous les befoins, pourvu que tous les travaux fuffent

H

dirigés selon l'ordre naturel qui les porte à la satisfaction des besoins. Maintenant vous craignez le contraire, relativement aux hommes. Vous craignez qu'il n'y ait plus de produits que de consommateurs, & par conséquent qu'il y ait rivalité & opposition d'intérêt entre les diverses sources de produits. Cet inconvénient peut être une suite de l'état de désordre; mais, selon l'ordre, il y a pourvu.

D. Et comment cela, je vous prie?

R. Il ne peut y avoir de produits qu'en proportion des travaux & des avances; ces travaux & ces avances sont l'effet de l'échange & de la valeur vénale des produits. Ainsi, selon l'ordre, il ne peut naître des produits qu'il n'y ait des hommes tous prêts à y mettre l'enchère; & où finira la maffe des confommateurs, là finira la fertilité, celle du moins qui n'eft pas production fpontanée de la terre: & y eut-il un monde de ter-res nouvelles & naturellement fertiles, elles n'entreront nullement en concu-rence avec celles qui, par nos avan-ces & nos travaux, rapportent des ré-coltes. Mais comme notre intérêt pre-mier fut l'aide réciproque & primitive des premiers travaux offerts à la pro-duction, aide qui pourtant augmenta dès lors la maffe primitive des pro-duits qui pouróient comme vous au-jourd'hui craindre la concurence; que notre intérêt fecond fut l'accroiffe-ment de ce concours & par lui le dé-frichement de nouvelles terres, & toujours ainfi graduellement, je ne vois pas où vous prendriez aujour-

d'hui le point de fciffion de cet intérêt progreffif & toujours le même.
Croyez donc que plus il y aura de
champs défrichés & mis en rapport
par nos avances, plus il y aura d'hommes pour en enchérir les produits,
parce qu'ils auront tous les mêmes befoins de confommer, & les mêmes
facultés pour le travail à offrir pour
leur fubfiftance.

D. Ajoutez donc à votre induction,
dont je vois la réalité, ce mot qui
ne fauroit être trop répété, *felon l'ordre*. Car l'état de défordre change
toutes les données.

R. Nous n'avons pas entrepris de
le fuivre dans fes difformités ; felon
l'ordre donc, il faut en revenir au
point d'où nous fommes partis, &
dire par continuation que tous les

champs ont un intérèt commun qui
eſt *l'échange*. Des vues bornées ont
donné à cet égard dans toutes ſortes
d'extravagances; on a défendu les dé-
frichemens dans la crainte de faire
tomber le prix des productions des
terres cultivées, ſans penſer que les
productions appellent les conſomma-
teurs en leur offrant des ſalaires pour
le travail; d'autres ont favoriſé la
multiplication des hommes avant la
multiplication des productions, & la
population, réduite à l'indigence & à
la mendicité, devenoit à charge; alors
la grande population a paru nuiſible.
Ainſi en parcourant un cercle d'erreurs, on paſſoit & repaſſoit ſucceſſi-
vement par les mèmes erreurs par des
réformes funeſtes, & les aveugles ré-
formateurs croyoient toujours coriger

H 3

la nature, qui les abandonnoit dans leurs égaremens.

D. J'entens : mais plus le premier apperçu des chofes eft fujet à nous faire illufion, plus cela nous apprend la néceffité de les bien éclaircir.

R. Continuons donc. Vous avez vu comment les riches font devenus riches par l'accroiffement d'un revenu difponible, & vous favez que ce revenu n'étoit en première origine que l'excédent du produit des terres. La dépenfe de ce revenu néanmoins eft ce qui foudoye tous les genres d'induftrie ; & l'induftrie eft ce qui met l'enchère à une multitude de produits qui, n'ayant aucun trait apparent avec nos premiers befoins, refteroient fans valeur s'ils n'étoient pris & payés par la dépenfe des riches qui cherchent leurs commodités, & à satisfaire leurs fantaisies. La richesse contribue donc à étendre la richesse par le moyen de ce même concours, qui est le grand nœud par lequel la nature voulut raprocher & éteindre l'humanité entière. Le produit du champ voisin & son plus grand produit, qui doit faire un riche & sa dépense, est donc l'intérêt de votre champ, dont sa dépense évaluera les produits; & ainsi de près à près tous les champs de la terre se tiennent & se réunissent en cette unité d'intérêts.

D. Revenons maintenant à nos circonscriptions territoriales.

R. Ces circonscriptions semblent dans le désordre être des séparations. Vous voyez que la nature n'en fait point: c'est le désordre qui en nécessite l'apparence & qui en fait, selon les cas, la réalité.

D. Comment cela ?

R. Il est dans l'ordre, & nous l'avons vu, qu'une autorité tutélaire des propriétés veille dans le sein de chaque société au maintien de l'ordre & à réprimer l'injustice. Comme c'est à cette autorité que les hommes doivent avoir recours dans toutes les occasions de débats & de réclamation, il est juste qu'elle soit à leur portée ; car le tems perdu pour aller demander justice est une perte pour l'individu & pour la société, une barrière à son droit, un dérangement pour ses devoirs. L'autorité donc ne doit régner que sur les lieux où elle peut atteindre, & dans les distances où elle peut veiller sur ceux qu'elle employe dans

les fonctions de l'administration, &
pour l'exécution de ses ordres.

D. En ce cas, sa jurisdiction de-
vroit être bornée à chaque ville & à
chaque champ; car tout rapprochement est un avantage.

R. Et qui la nourriroit, s'il vous
plait? Qui la mettroit en force? Est-
ce le pavé de ces villes qui ne sont
elles-mêmes qu'un rendez-vous du mo-
bilier & des dépenses des riches, fondées sur le produit net de champs fort
éloignés? Qui produira de quoi doter l'autorité de manière à prédominer
sur tout cela?

D. Non, je conçois qu'il faut au
Souverain une étendue de jurisdiction suffisante pour lui donner un
revenu suffisant. Mais comment ten-
dra-t-il les mains de l'autorité à tant

d'occafions de réclamations difperféesi

R. Par fes prépofés fans doute?

D. Oh! dès qu'il ne s'agit plus que de prépofés, de l'un à l'autre nous irons de la forte au bout du monde.

R. Point : les lieux fe relâchent en raifon de leur diftance. Il n'eft force au monde qui puiffe empêcher une corde de plier, & de perdre la ligne droite en s'étendant.

D. Où feront donc les bornes d'une fociété bien compofée felon l'ordre?

R. Le phyfique felon l'ordre décide beaucoup de ces fortes de divifions. Un bras de mer, une chaîne de hautes montagnes, un fleuve confidérable, mettront fouvent plus d'empêchement aux rapports naturels entre deux peuples voifins, que la plus vafte étendue de plaines.

D. Mais, s'il vous plait, par tout où la jurifdiction s'étend, la contribution doit auffi s'étendre. Cela pofé, les princes n'auront jamais affez de territoire. Quel remède à cela?

R. L'inftruction.

D. Et comment l'inftruction?

R. En démontrant aux princes comme à tous les hommes qu'il eft impoffible d'étendre fes droits fans étendre fes devoirs.

D. Fort bien: mais comme non-obftant cette irréfragable loi les hommes voüdront toujours étendre leurs droits, à la charge d'embraffer plus de devoirs, & que la nature le veut ainfi, le fouverain voudra toujours dominer au plus loin poffible, afin d'être plus riche & plus puiffant, à la charge d'avoir auſſi des devoirs plus étendus.

R. Je le veux bien, pourvu qu'il réſulte de ce deſſein ce qu'il peut ré-ſulter du déſir d'extenſion de nos droits dans un eſprit éclairé par une bonne inſtruction. Mais vous parlez du dé-ſir d'un ſouverain d'étendre ſa domi-nation, comme ſi la domination des autres ſouverains qui l'avoiſinent ne s'y oppoſoient pas, & comme ſi la do-mination n'étoit pas pour chaque ſou-verain un droit de propriété qu'il a à défendre contre les attaques d'un autre ſouverain. Tout ſe réduira donc de part & d'autre à des attaques & à des défenſes également redouṭables à l'un & à l'autre; & jamais on ne ſait qui gagnera ou perdra à la guerre. Les guerres par leſquelles on eſpère conquérir font dans le fond un frein contre l'ambition : aufi font-elles plus fouvent fuggérées par une mauvaife politique que par des prétentions am- bitieufes. La mauvaife politique eft le fruit de l'ignorance. Aufi l'ignorance eft-elle l'ennemi le plus diffentieux & le plus nuifible aux hommes. Donc plus il y a de guerres, plus il y a d'ignorances & de mauvaifes manœu- vres dans la politique.

D. Et quel eft ce réfultat que l'inf- truction doit offrir aux fouverains ?

R. C'eft de choifir les moyens les plus faciles, les moins difpendieux & les moins dangereux pour fe contenir réciproquement dans les bornes de leurs dominations.

D. Où eft-ce que cela nous ménera ?

R. A laiffer le monde en repos, &

à faire de fon mieux fa tâche cir-
confcrite.

D. Comment cela ?

R. Le voici. Il n'eft point de maifon ruftique où le propriétaire ne voye
que les champs voifins de fa maifon
valent mieux , & rapportent à frais
égaux d'avantage que ceux qui font
éloignés. Du petit au grand, il n'eft
point de fouverain qui ne puiffe appercevoir que les champs autour de
fa réfidence payent plus aifément la
contribution & lui rapportent d'àvan-
tage ; & qu'en même tems il lui eft
plus aifé & moins couteux d'entretenir l'ordre par proportion qu'au loin.
Cet avantage diminue à mefure que
les diftances s'augmentent , & elles
peuvent devenir telles que les frais de
la confervation lui coutent plus que

le pays ne lui rapporte, fans compter les foins, les inquiétudes, & la
ruine enfin, dont l'éloignement lui
cache les progrès, mais qui aboutit
pourtant ou au défert ou à la révolution. Le mieux qui lui puiffe arriver en ce cas feroit d'avoir de fi bons
prépofés, qu'en dépenfant pour le
pays tout ce qu'il en retire il pût le
conferver en bon état, & n'en réfer-
ver que la domination, l'amour, le
refpect & la confiance.

D. Oh! cela je le crois, d'autant
qu'au fonds c'eft au bout de l'an &
au terme des dépenfes fouveraines,
tout ce qui lui doit refter des pays
mêmes qui font le plus fous fa main.

R. Cela pofé, que lui importe donc
que cette province trop éloignée re-

connoisse une autre jurisdiction plus à portée de ses besoins.

D. Que lui importe ? Elle lui devient étrangère, bientôt rivale & peut-être ennemie.

R. Quoi ! vous revenez toujours à votre rivalité ? La rivalité est nécessaire, naturelle, & bonne par conséquent, tant qu'elle se tiendra dans les bornes du respect des droits d'autrui & des siens propres par contre-coup. Nous avons vu que les terres ne pouvoient être étrangères les unes aux autres, ni leurs produits, ni par conséquent tous les travaux & tous les genres d'industrie ; qui partent tous de là, & tendent tous à l'amélioration du champ universel productif. Il n'y a donc que les jurisdictions qui puissent être étrangères les unes aux autres. Oh! si elles le font, je ne ferois point surpris qu'elles fussent bientôt ennemies; car ce premier pas même, je veux dire, ce mur de séparation, démontre qu'elles sont dans le désordre, attendu que selon l'ordre elles n'ont d'autre intérêt que de maintenir chez elles l'ordre qui va également au bien de tous, tant au dedans qu'au dehors, & qui ne fait qu'un seul & même intérêt pour toutes les puissances comme pour tous les hommes.

D. Oui, mais en attendant qu'elles voyent cela, elles me tiennent en méfiance, & je ne puis regarder leur territoire comme le mien, ni leurs forces comme les miennes.

R. Qui vous prie de cela? Il suffit seulement que vous sachiez que leur

intérêt réel eft le même que le vôtre;
& quant à la portion de l'intérêt général qui eft fous votre main, plus
elle fera compacte & ferrée, plus elle
fera aifée à défendre, & fe défendra
par elle-même. Ainfi vos moyens de
défenfe font chez vous, & exigent
que vous n'embraffiez pas plus que
vous ne pouvez atteindre, & que
vous foyez puiffant en profondeur &
non en fuperficie, qui n'eft qu'apparence de richeffe & mifère en réalité.
Cherchez votre puiffance fur vous même : & cette recherche, vos fujets la
font fans relâche pour vous, pourvu
qu'ils foient libres dans l'exercice de
leurs droits. Votre fageffe inftruira vos
voifins, par l'exemple de votre conduite & de votre profpérité. Leurs
Souverains ne feront que vos prépo-

fés à qui vous abandonnez toute la contribution du canton fur lequel ils veillent, pour qu'ils y faffent votre charge : ils vous feront au fond moins d'ombrage que des lieutenans trop éloignés & trop émancipés par les diftances, & il vous reviendra tout de même de l'étranger comme de votre fujet, l'amour, le refpect, & la confiance, qui font la véritable domination. Voila ce que l'inftruction apprendra aux Souverains & ce qu'elle leur montrera par le calcul, & ce qui contiendra l'ambition & la cupidité des princes qui n'eft qu'un réfultat de l'ignorance chez eux comme dans tous les hommes, qui tous, du défir d'avoir l'arpent de terre du voifin, ariveroient à celui de la monarchie univerfelle

fi la fortune fecondoit leur extrava-
gante cupidité.

D. Voila donc notre territoire borné & circonfcrit. Et le Souverain ne
poffède - t - il rien en propre dans ce
territoire ?

R. Non pas dans le fens que vous
l'entendez comme Souverain. Il peut
d'ailleurs être propriétaire particulier
comme un autre. Mais ces deux qualités n'ont rien de commun.

D. Et que fait-il donc de ce grand
revenu que vous appellez le patrimoine public ?

R. Il l'employe aux dépenfes publiques pour la jouiffance & pour la
fûreté de tous les individus de la fociété, & pour le maintien de la conf-
titution totale du corps de la fociété.
La propriété particulière de chacun ne

fuffit pas pour fatisfaire aux befoins
de chacun féparément. Il y a des befoins communs à tous. Ainfi il faut
un patrimoine commun dont le revenu toujours renaiffant foit employé
pour les befoins communs. Telles font
les dépenfes du gouvernement, celles
des guerres ou des forces de l'état,
celles des travaux publics, celles du
Souverain. Voila la deftination du revenu public. 1°. L'inftruction ne fauroit être trop étendue & trop complette. Or les hommes qui vaquent à
ce foin qui demande tout leur travail,
il faut les payer & les furveiller.
2°. La fûreté du pays & des propriétés qui comprend la police, la juftice,
la défenfe & tout ce qui en impofe
au dedans & au dehors, tout cela
employe bien des hommes, demande

beaucoup de falaires & de bons falaires; car tout ce qui fert le public
doit être mis fort à l'abri des craintes
de la néceffité. 3°. Les travaux publics qui renferment l'entretien & l'a-
mélioration, qui ne peuvent jamais
être trop forts, & dont les dépenfes
peuvent être immenfes.

D. Qu'entendez-vous ici par les
travaux publics?

R. Il eft des propriétés publiques
qui n'appartiennent à perfonne, &
qui font à l'ufage de tous. Les rues,
les places, les ponts, les quais, les
chemins, les canaux furtout, les ports
& les rivières: l'entretien & l'amélioration de toutes ces chofes eft, après
l'inftruction, la principale fonction
de l'autorité fouveraine; & les dépenfes qu'elles exigent font, felon l'or-

dre, à la charge du tréfor public.

D. Pourquoi dites vous que ces dépenfes ne fauróient jamais être trop fortes ?

R. Je devois ajouter *felon l'ordre*: mais ce mot doit toujours être fous-entendu dans nos allégations. Or, en ce fens, c'eft une importante vérité. Toutes ces chofes font & facilitent les communications entre les hommes; & tout ce qui facilite les communications accroit la valeur vénale des produits & la production au profit de tous. Ainfi plus on fait de ces dépenfes (qu'on peut appeller les avances foncières du territoire, comme on appella avances fonciéres de votre propriété les dépenfes que vous fites d'abord pour rendre votre fond propre à la cultivation), plus auffi l'on excite, étend & assure la fertilité & la prospérité générale qui en résulte?

D. Pourquoi donc jugez-vous à propos d'ajouter à cette énonciation la formule *selon l'ordre?*

R. Cela se sent. On pouroit en ce genre, comme en tout autre, faire des dépenses qui excéderoient le revenu public, & ce dérangement renverseroit l'ordre économique des besoins : on pouroit s'attacher, par exemple, à faire un beau portique, & en un mot préférer la magnificence à l'utilité. Or si j'ai dit qu'on ne pouvoit jamais trop dépenser en ce genre, c'est que selon l'ordre toute dépense foncière accroit le revenu. Il faut donc dépenser, autant qu'il est possible, pour accroitre son revenu, parce que l'accroissement du revenu payera la

dépense

dépenfe & la perpétuera. Mais dans l'ordre contraire, il n'eft point de dépénfe fage, & l'on peut être diffipateur & défordonné dans tous les fens.

D. Et que doivent les fujets en retour & à l'appui de cette dépenfe?

R. Rien que la ceffion de la propriété foncière du patrimoine public, réglé fur l'état du revenu général du territoire. Car comme, felon la règle, le revenu public doit fuivre une proportion fixe avec le revenu de toute la nation, l'éfet de ces dépenfes eft de groffir la portion qui fournit aux dépenfes publiques.

D. Ainfi donc la vie politique, fes droits & fes devoirs tournent au profit de la vie fociale. Celle-ci & fes

I

droits & ſes devoirs tournent au proꞓt de la vie agricole, & cette dernière au profit de la vie naturelle de l'homme.

R. C'eſt cela même: point de vie naturelle qui ſoit aſſurée qu'elle n'ait pour baſe la vie agricole: point de vie agricole qui puiſſe prendre une exiſtence ſans la vie ſociale: point de vie ſociale qui puiſſe ſe maintenir ſans les liens qui compoſent la vie politique. C'eſt cet enſemble naturel & préordonné qui compoſe en un bloc *la vie de l'homme.* C'eſt par lui que l'homme eſt tout à l'homme, que tout intérêt individuel trouve ſa place néceſſaire dans le bloc général des intérêts humains, qui ne compoſe qu'un ſeul & même intérêt, *la fertilité de*

la terre. C'eſt par cet aſpect qu'on
ſe démontre la haute équité, l'heu-
reuſe néceſſité & la conſtante utilité
d'accomplir ſur la terre le grand pré-
cepte d'aimer Dieu, c'eſt-à-dire, ſon
ordre, par deſſus toutes choſes; &
ſon prochain, c'eſt-à-dire, l'intérêt
de ſon prochain comme ſoi-même ou
ſon propre intérêt. Et tout cela porte
ſur des avances & s'étend par le produit net.

RÉSULTAT GÉNÉRAL.

L'Ordre eſt la loi de Dieu, qui
preſcrit au genre humain toutes les
conditions par leſquelles il peut ob-
tenir de la terre les productions né-

cessaires pour subsister. Cette loi parle à l'homme par ses besoins, qui commandent impérieusement, & il n'y a entre l'homme & cette loi que Dieu même l'auteur de l'homme & de la loi.

AVIS DES ÉDITEURS.

Comme nous étions en cet endroit de l'impression de cet ouvrage, on nous a encore envoyé la pièce suivante; nous avons crû rendre un service important au public en la joignant ici telle que nous l'avons reçue.

DIALOGUE

ENTRE

M^{rs}. DE P. ET L. D. H.

SUR

L'INSTRUCTION POPULAIRE.

MONS. de P. J'ai lû votre instruction populaire, & je suis, parfaitement
& supérieurement content du projet
& de l'exécution. Je donne ma voix
à vos principes, non que j'aye étudié ce que vous appellez la science économique, je n'en avois jamais tant lû
de suite; mais toutes les fois que j'en
ai vu des expositions de détail, dans
vos écrits, ou que nos conversations

fe font rapprochées de ces matieres,
je me fuis trouvé d'accord avec vous.
Aujourd'hui je le fuis encore d'avantage, & mon confentement raifonné
vient à l'appui de mon confentement
d'opinion.   J'ai peut-être été arrêté
en trois ou quatre endroits où j'aurois voulu d'abord des expreffions plus
développées & moins fufceptibles au
premier afpect de prêter à un fens ef-
frayant pour les foibles; mais à l'examen
j'ai compris que mon embarras à cet
égard provenoit de mon peu d'habitude, & je fuis demeuré content.

L. D. H. Et moi je ne le faurois
être que vous ne vous foyez mieux
ou plus expliqué.   Nous avons eu des
expreffions qui , dans les premiers
tems, ont effrayé quelques gens qui
vouloient l'être, comme auffi les lec-

teurs d'habitude & superficiels (& ceux-là font le plus grand nombre). Sitôt qu'un mot leur paroit s'écarter d'une expression qui leur est familiere, ils fuivent le fon, laiffent le fens, & l'on ne les tient plus. Il faut fans doute compatir à cette difposition de la pareffe de l'efprit autant qu'il eft poffible; mais la nomenclature de notre fcience a été raifonnée & méditée trop profondement par la tête la plus forte, la plus réfléchie & la plus exacte de notre fiecle, pour pouvoir fe prêter beaucoup à ces petites & vaines délicateffes. Son premier inftituteur obferva de ne point faire de mots; mais profeffant & expofant une fcience abfolument nouvelle, il étoit impoffible que fes expreffions ne le fuffent pas, fi ce n'eft par les fons, du moins

par les idées. Plusieurs donc ont cho-
qué d'abord, le plus grand nombre a
passé en usage, chez ceux même qui
ne nous entendent pas; quelques uns
effrayent encore, on s'y accoutumera
en saisissant l'ensemble, & jusques-là
peu importe d'être en bute aux juge-
mens téméraires de qui n'a pas encore la clé du bon sens: mais ce qui me
vient de vous est toute autre chose,
autant votre génie m'en impose, autant votre droiture me fait une douce
& puissante loi. Dites donc ce qui
vous arrête, & croyez qu'il ne tiendra
pas à moi de vous satisfaire ou de me
réformer.

P. J'obéis avec la confiance que
je vous dois, après vous avoir répété
que ce sont peut-être & sans doute de
très foibles objections que je vais vous

faire: mais c'est mon premier sentiment
dont je vous rends compte avec une
simplicité qui seroit un sujet de risée
pour les gens moqueurs, mais qui
dans tous les sens n'a pas besoin d'ex-
cuse vis-à-vis d'une ame comme la vôtre. Je commence donc par vous dire que
la maniére dont vous avez énoncé le
principe du devoir filial en plusieurs
endroits m'a paru un peu séche. *Le
pere a fait les avances de la vie & de
la subsistance, voila le principe du devoir filial.* Ailleurs vous développez
la sanction de la loi naturelle qui proscrit le fils refractaire, comme le premier des ingrats, & par la raison de
l'intérêt de tous ses conforts.

L. Et bien?

P. Et bien ne vous paroit-il pas
manquer quelque chose à cette énon-

I 5

ciation ? la trouvez-vous affez onctueufe pour une ame fenfible & affez religieufe enfin, s'il faut trancher le mot ?

L. Prenez garde, je vous prie, que nous faifons profeffion de reprendre pour ainfi dire la morale en fous-œuvre, nous regardons l'intérêt perfonnel comme le point commun à tous les individus qui compofent l'humanité, & nous en faifons le point central de la fociété.

P. Permettez qu'ici d'abord je vous arrête ; penfez-vous que ce foit anoblir l'homme que de négliger en lui la faculté vraiment diftinctive de fon efpèce, ce fentiment qui le porte à l'élévation de l'ame, à l'attrait pour le bien moral par la feule confidération de fon excellence.

L. Non fans doute ; mais nous pen-

sons que pour le faire jouir de ses af-
fections nobles, il faut d'abord lui soumettre ses besoins naturels, tous fort
impérieux s'ils ne sont satisfaits, & qui
tendent à l'atterrer s'il ne les appaise;
qu'il ne sauroit satisfaire ses besoins
qu'au moyen du succès de ses travaux; qu'il ne peut réussir dans ses
travaux qu'à l'aide de ses semblables;
que cette aide réciproque est ce qui
commence la société; que l'extension
de la société, toujours sur la même
base, donne les commodités à plusieurs
& sur-tout celle du loisir, & que ce
n'est qu'au sein du loisir phisique que
peut naître, croitre & s'élever en hauts
& salutaires branchages la douce, haute & constante moralité.

P. Poursuivez, je vois que je vous
ai arrêté mal à propos.

L. Au sein de la société qui proſpé-
re ſelon qu'elle eſt plus ou moins bien
ou mal ordonnée, le ſort appelle plus
ou moins d'individus à l'abondance ou
ce qu'on nomme l'abondance ; la providence éleve plus ou moins auſſi de
ces ames privilégiées capables de ce
noble eſſor que les moraliſtes invo-
quent & veulent diriger, & que vous
nous reprochez de négliger ; mais de
même que la société ſeroit bientôt pauvre & nulle, ſi l'on n'y mettoit en action que les riches, & en apprentiſſa-
ge que ce qui compoſe la plus complette éducation des gens de cette claſſe,
ainſi manquera-t-on toujours (je le
crains bien du moins) l'objet de timo-
rer la généralité des mœurs ſociales
par les ſeu'es leçons de la morale,
qui dans le courant de la vie ne ſont,

pour le pauvre accablé fous le faix des travaux journaliers, que routine, pour l'induftrieux éveillé par l'appas du gain, irrité par l'afpect des fortunes fubites, que du fon, qui ne bonifie rien, pour le riche enchaîné, par l'orgueil à la fuite des bienféances de tous les genres de cupidité venteufe, que de la graine pour les fots. L'enfant pour des joujoux fe détourne de la morale, la jeuneffe pouffée par fes fougues, attirée par fes preftiges, la franchit, l'âge mûr la quitte pour fes affaires, la vieilleffe, qui fe défabufe de tout, n'y fauroit prendre, & c'est tout cela néanmoins qui compofe la fociété.

P. Quoi donc eft-ce que vous voudriez nier que le fentiment du jufte & de l'injufte ne foit comme empreint de la main de Dieu dans le cœur hu-

main, & d'une maniere si claire & si
précise quand il n'est point offusqué
par ses passions, ou affaissé par l'habitude de l'injustice, que ce sentiment
forme en lui comme une notion qui
non-seulement entraîne ses premiers
mouvemens, mais encore éclaire ses
décisions.

L. Non, sans doute, & si ce sentiment n'étoit pas dans le cœur de
l'homme, nous n'espérerions pas de l'y
mettre. Mais ce sentiment n'est pas
une simple impression distincte, c'est
une affection lumineuse qui instruit
l'homme qu'elle éclaire & lui impri-
me une pieté raisonnable. Dieu seul
s'est réservé de créer. Il créa tout
dans l'ordre de sa justice qui est lui-
même; elle présida à l'ordre naturel,
c'est-à-dire, à l'ordre physique qu'il pres-

crivit à la nature, & ce font les loix
de ce grand ordre rélatives à la multiplication, au bonheur & à la perpétuité de l'efpèce humaine que nous
expliquons. Ces loix font fimples, elles font conformes à l'intérèt prochain,
momentané, conftant & perpétuel de
l'homme, & pour cela mème Dieu,
par la nature, a donné à l'homme un
attrait, un penchant général, impérieux & inaltérable pour fon intérèt
qui eft inféparable de l'ordre. En cela ce don paroit lui être commun avec
toute autre efpece animale; mais l'inftinct chez la créature privilégiée s'é-
tend à l'induftrie fans bornes, & par-
vient jufques à l'intelligence. L'induftrie de notre efpece a pu dérober en
quelque forte au grand ordre le fecret
de la végétation, folliciter la fécondité

de la terre qui lui fut donnée, & déterminer la mere univerfelle, la nature, à lui fubftituer l'héritage commun. Cet héritage n'eft rien pour qui le néglige, mais il eft fans bornes pour qui fait le faire valoir. Tout travail eft fûr d'y doubler fa mife, & c'eft là la fource de la profpérité humaine & de fa perpétuité. C'eft à ce centre commun que tous les intérêts individuels doivent tendre; à ce prix ils ne fauroient être trop ardens, trop irrités & trop actifs. L'intérêt particulier & perfonnel, occupé de foi feulement, fert fon femblable auffi attaché que lui à fon intérêt particulier. Le fecours réciproque & mutuel, ame de tout, n'eft compofé que d'intérêts excluſifs qui loin de fe croifer, fe fervent d'échelons pour aller tout puifer au sein intarissable de la nature. Pour arriver équitablement & favorablement à ce terme commun, tous n'ont que leurs droits à étendre, tous n'ont que leur intérêt propre à servir; c'est là tout leur devoir; nul écueil ne se présente sur la route si ce n'est d'enfraindre le droit d'autrui; mais la route une fois ouverte, l'écueil est visible, qui veut y toucher fait embarras, peut arrêter tout le reste, mais s'y brise le premier. Vous avez vu comment nous développons tous les pas de cette marche prospere; je vous en esquisse ici l'ensemble, trouverez-vous à dire maintenant que nous n'allions pas plus loin que l'intérêt calculé, physique & terrestre, & que nous nous contentions de démontrer la sanction temporelle de la loi divine, & les inconvéniens viſibles de l'injuſtice ici bas.

P. Vous ne prétendez pas me dé-
payſer par votre éloquence, & nous
ſommes à préſent comme toujours en
préſence l'un de l'autre de bonne foi.
Souffrez donc que je vous demande
s'il ne ſeroit pas à craindre qu'on n'in-
fere de ce que vous dites de l'indif-
férence des hommes pour les morali-
tés, que l'inſtruction religieuſe eſt purement inutile ſi ce n'eſt à ceux qui
en ſont chargés; que la jeuneſſe l'é-
coute, l'apprend même, & ne l'en-
tend pas; que l'âge mûr la néglige &
l'oublie; que la vieilleſſe, en la ſup-
poſant timide, n'en retrouve plus que
l'écorce, & qu'en prenant le tout enſemble elle n'influe aucunement ſur
les mœurs. Vous qui faites profeſſion de déſirer le bien de l'humanité,

vous lui feriez un grand mal, selon moi, si de telles erreurs s'accréditoient & s'appuyoient de vos principes. Vous savez que les tems sont dangereux à cet égard, & le libertinage de l'esprit fort à la mode. Tout se confond dans ces sortes de matieres, la considération des personnes, la salubrité & la sainteté même des principes, ne serviroient qu'à donner une autorité de plus à la divergence & à la dissolution des idées, terrible brèche à cette vérité sociale que vous prêchez.

L. Je pense entièrement comme vous à cet égard. Vous touchez au point le plus délicat & qui depuis quelque tems me blesse; car sur-tout je ne voudrois point faire de mal. Je vais répondre exactement sur les trois points que renferme votre objection; sur moi

d'abord, car à mon avis je fuis quelque chofe, fur nos principes enfuite, fur
les conféquences enfin du fiftême économique rélativement à la religion que
nous profeffons. Quant à ce qui eft
de moi, perfonne n'avoit droit à mon
opinion fur cet article fi ce n'eft ma
famille & ceux à qui je dois l'exemple par une fuite néanmoins de la forte d'hilarité abondante & de la confiance qui règne dans mon premier
ouvrage que je donnai penfant de bonne foi n'être jamais connu, j'établis
net ma façon de penfer fur ce point,
& fes motifs, à la tête (fi je m'en fou-
viens) du chapitre des colonies. Cet
ouvrage eft encore des miens le plus
connu; j'avois près de 42 ans quand
il parut; ce n'eft pas après cet âge là
qu'on gagne beaucoup à devenir efprit

fort. Ma conduite pendant 16 ans
qui se sont écoulés depuis, & que je
savois fort bien être l'époque de notre
âge où l'on fait ce qu'on appelle sa
fortune, n'a pas prouvé que je fusse
fort intéressé, & toutefois ce ne
peut être que par intérêt qu'on se fait
hypocrite. Je me croyois donc &
devois me croire très dispensé de faire
jamais d'autre profession de foi. Mes
discours d'ailleurs, & l'éloignement que
j'ai marqué en toute occasion pour les
systèmes démolisseurs en ce genre, n'ont
jamais été équivoques. Le public,
il est vrai, n'est pas obligé de tenir
régistre de mes discours & de mes sentimens, il en est pourtant que diffi-
cilement on prête. Il y a trois ans
environ qu'on fit paroitre le certain
système de la nature qui n'est pas du tout

de ma portée, & qu'on l'étiqueta du
nom du défunt sécrétaire de l'académie
intitulé tel, & dont le nom ne s'or-
tographie pas comme le mien, vieil-
lard respectable d'ailleurs en son tems,
& qui n'a pas mérité qu'on flétrît sa
mémoire. Parceque quelques gens qui
me font l'honneur de me méconnoître, & qui ne pensent pas qu'il puisse
y avoir deux hommes qui écrivent,
dirent alors que j'avois fait un livre
contre Dieu, quelques zélés vouloient
que je donnasse un démenti à cette idée ;
je me contentai seulement de répondre que si l'on mettoit dans la gazet-
te même que j'avois empoisonné ma
mère, je l'y laisserois. On n'est cho-
qué que de ce qui nous approche,
& le projet avide, odieux & insensé
de réduire la nature en république fut

toujours auſſi diſtant de moi que le parricide.

P. Auſſi feroit-ce nous écarter & nous faire ſoupçonner de ſubterfuges que de parcourir cette carriere-là ; tous vos travaux tendent à établir, à décombrer, à enſeigner la loi naturelle, & par conféquent la religion naturelle, car tout eſt religion dans une ame comme la vôtre, qui le fait mieux que moi : mais la religion révélée, qu'au fond tous ces differtateurs attaquent & rien de plus, c'eſt celle là qu'on vous accufera de décliner.

L. Si c'eſt dans mes écrits ce feroit tant pis pour moi, ſi c'eſt dans mes principes tant pis pour mes acufateurs, j'y ai regardé. Je l'ai dit même hautement dans une des premieres aſſemblées qui ſe font chez moi, fur

quelque propos léger qui échappa, Mef-
fieurs, dis-je, *je fuis bien aife de profi-*
ter de cette occafion pour renouveller
ma profeffion de foi; quelque perfuadé
que je fois que la fcience économique eft
la fcience de l'ordre divin, relatif au
bonheur & au perfeEtionnement de no-
tre efpéce; quoi qu'en conféquence je m'y
livre tout entier & aie réfolu de conti-
nuer jufques à ma fin; quoique tout y
foit calcul; que ma raifon n'aye rien
à dire contre le calcul & ma confcience
contre ma raifon, toutefois *fi j'euffe*
trouvé qu'elle contraftât, en quoi que ce
puiffe être, avec la loi qui nous fait tous
fortir d'un même père & membres d'un
même corps; loi de charité qu'il a fait
confifter en l'amour de Dieu par deffus
tout & celui du prochain comme foi-
même; loi d'équité qui la réfume en

un feul

un seul point de ne faire à autrui que ce qu'on voudroit qui nous fut fait à nous - mêmes, loi d'unité, de forces, de sentimens & d'intérêts, loi qui depuis dix-huit cents ans sut convenir à tant de nations diverses; si je pensois, dis-je, que la science économique pût contraster le moins du monde à ses décrets, je renoncerois tout à l'heure à ma science, mais c'est tout le contraire & vous le verrez pour peu que vous le veuillez voir. Telle est donc ma façon de penser déclarée; jugez après cela si je pense que l'instruction religieuse soit inutile. Je la révère & la chéris, & à ne considérer la chose qu'en politique, qui est le point auquel je me suis volontairement borné, je penserois encore de même; c'est la seule instruction que nous ayons, car je ne regarde

K

comme instruction que celle qui embrasse l'universalité des hommes freres, tout le reste est apprentissage, étude si vous le voulez, j'appelle ainsi tout ce qui nous apprend à servir les autres, mais il n'y a que ce qui nous apprend à nous servir nous mêmes qui soit instruction, & je le répéte, nous n'avons encore que celle-là. Si l'on en abusa, si dans quelques lieux on pouvoit en abuser encore, c'est faute de celle que nous voulons y ajouter.

P. *Y ajouter*, dites-vous, voila par exemple de ces expressions qui vous feroient reprochées, comme si vous vouliez ajouter quelque chose à la religion.

L. Non, mais à l'instruction des peuples. Notre objet en ceci est le même que celui de la religion; elle voudroit ne faire qu'une ame de toute la grande famille, & nous qu'un corps. Tant qu'il y aura tant de distance entre l'instruction du riche & celle du pauvre, quand même l'une ou l'autre pouroit être bonne, avec ce levain d'exclusion il y aura toujours deux corps dans la société, celui des lettrés & celui des ignorans, inégalité morale venant à l'appui de l'inégalité physique, bientôt dédain & fourberie d'une part, méfiance & crédulité difforme de l'autre, injustice & séparation des deux.

P. Et pensez-vous pouvoir empêcher cette inégalité morale tandis que tout votre plan tend à la justifier au physique, & à en montrer l'utilité. Indépendamment du loisir & des moyens, rendrez-vous les facultés égales?

L. Non : quand l'homme n'a voulu

ou pu favoir que ce qu'il fait, il n'a
à fe plaindre de perfonne ; il laiffe
avancer dans la carriere dont on lui
a donné les élémens, ceux que leur
attrait ou leurs commodités ont rendu plus érudits ou plus verfés dans
la fcience. Mais fongez donc de quelle
fcience il s'agit ici, de celle *des droits
& des devoirs de* l'homme, des *avances* qui en font la bafe, de la *proprieté*
qui en réfulte, de la juftice par effence
enfin ; eft-il aucune créature humaine
qui n'apporte fon droit à cetie inftruction en recevant la vie, & celui qui
en connoit l'importance peut-il fom-
meiller en fûreté en préfence des paffions irritées de l'homme qui les ignore, & qui n'a d'autre frein, je l'ofe
dire, que le ciel tonnant, felon lui au
gré de ceux qui lui impofent des chaî.

nes, ou la crainte de la publicité de ce que l'affociation de fes tyrans appelle fon forfait ?

P. Quoi ? tout de bon, vous penfez que la généralité de votre inftruction rendra la généralité des hommes meilleurs; l'êtes-vous vous-même ?

L. Non, Monfieur, mais nous ne tenons la fcience encore que de la pointe de l'efprit. Tous élevés au milieu d'un tas de matériaux de ruines, nous n'eumes pour principes que des injonctions qui, tranfmifes en dégénerant d'âge en âge, autorifent en quelque forte le fyftème blafphématoire d'un certain fol qui prétendit que la tyrannie étoit le nœud gordien de toute fociété : c'eft du premier lait que part le tempéramment & la croiffance; celui que nous préparons aux générations futu-

K 3

res nous fut refufé. Toutefois j'en ai vu plufieurs qui de bonne foi m'ont affuré que nos principes leur avoient affis l'ame & raffuré l'efprit. Mais c'eft le défordre phyfique & focial qui fait les méchans; le propre de l'inftruction perfuafive eft de déterminer l'action, & c'eft la réformation des défordres fociaux qui rendra les hommes infailliblement meilleurs, quand l'on faura comment & pourquoi le défordre eft calculé folie: tout chez nous, en un mot, tend à l'unité. Affez longtems la foumiffion demandée & la foumiffion refufée ont divifé les pauvres humains, ont-ils donc trop de force contre les cas majeurs qu'il faille ainfi les ufer par oppofition? Notre plan eft de tout raprocher, & fur-tout les prêtres & les philofophes; mais c'eft uniquement en montrant à tous le plan de la nature, & ne réſiſtant que par cette expoſition même à ce qu'elle réprouve viſiblement.

P. Voila le premier point de votre tâche bien rempli, & ce que vous venez de me dire anticipe en quelque forte ſur le ſecond, dont l'objet eſt de juſtifier à cet égard vos principes de toute imputation poſſible rélative à l'eſprit de révolte & d'irréligion. Je ſuis, vous le ſavez, tout perſuadé ſur cet article, mais je ne ſerai pas fâché de demeurer convaincu.

L. Je vous en ai fait le tableau tout à l'heure quand vous m'avez accuſé d'éloquence, je ne demande pas mieux que d'en déployer la progreſſion. L'homme ne peut être mû que par ſon intérêt propre; de-là, ſes deux mobiles que Dieu lui-même mit en œuvre, la crainte & l'espérance. Le plus grand nombre n'est touché que de l'intérêt présent ; Dieu le voulut encore, car la racine de cet intérêt est dans nos besoins qu'il nous donna pour continuel mobile. Des besoins physiques l'homme s'élève aux besoins moraux, des appétits physiques aux appétits moràux, de la loi physique à la loi morale ; c'est cette progression que nous développons. Tout ce qui est du règne de la foi n'appartient point à notre étude, mais tout ce qui est du règne des œuvres est de notre ressort, & nous trouvons au terme de nos inductions calculées que la foi ne commande que les œuvres de l'intérêt physique & personnel. Le devoir de l'homme ici bas est de servir son droit & de l'étendre, & ce devoir est la base de tous les autres devoirs. Dans ce devoir il trouve celui de respecter le droit d'autrui, symbole, gage & garant du sien propre : à cela près, le monde entier est à lui, il doit tout prétendre, il peut tout acquérir. Ce qu'il lui faut sur-tout acquérir pour l'extension de son droit, qu'il n'obtient que par le travail & en proportion du travail, c'est des services, c'est des forces : de-là, l'aide réciproque, l'équité dans les échanges, dans les conventions, dans la conduite, dans les sentimens ; & cette démonstration qui parle à l'intelligence, qui évoque, attire & persuade la raison, dévelope & fait triompher à demeure le germe d'équité naturelle que Dieu plaça dans tous les cœurs. Les conséquences sui-

K 5

vies qui en réfultent, s'élevant d'au-
près du berceau même de l'homme
naiffant, s'enlaffent dans fes langes,
foutiennent fon enfance, ombragent
fon adolefcence, contiennent fa jeuneffe, corroborent l'âge mur, couron-
nent fa vieilleffe, & du même jet em-
braffant tout l'ordre focial & politique,
étendent fes foyers domeftiques fur la
furface entière de l'univers. Voila notre expofition morale en quelque forte:
voyons par quels degrés phyfiques
nous les appuyons fur l'évidence, fur
le calcul. Le premier befoin de l'homme eft fa fubfiftance, & c'eft dans ce
befoin commun à tous fes femblables
qu'il trouve à fatisfaire tous fes autres
befoins, fes défirs, fes fantaifies, fes
gouts de toutes les efpèces. Si lui feul
avoit faim, il trouveroit fans doute à

se repaître sur la surface de la terre, mais il n'y trouveroit que cela; c'est parce que tous les autres ont fait comme lui, que les travaux variés, successifs & multipliés à l'infini par l'industrie & l'opiniâtre labeur, se combinent de toutes parts pour l'acommoder & l'enrichir de toutes les manières. Voila le point décisif entre la vérité & l'erreur, chemins si divers dont l'un mène à la mort, l'autre à la vie. L'homme aveugle, & confiant en son propre sens, a cru que les mêmes appétits, ardens à l'infini, n'avoient qu'une carrière bornée, & par cela même étoient faits pour s'entrecroiser & se combattre; il a vu, sans vouloir se voir, que l'inépuisable sein de la nature étoit délégué par le Créateur au soin maternel de concilier cette con-

K 6

trarieté apparente ; qu'elle ne demandoit à l'homme que son travail, & se
chargeoit de doubler la mise de ce travail en fruits renaissans de sa fertilité
inépuisable. Il a voulu sortir de ce
cercle bienfaisant d'équité & de muni-
ficence ; il s'est fait une route de dis-
corde, d'exclusion, & bientôt de ra-
pine ; cette route plus ou moins ra-
pide mène inévitablement à la mort
des sociétés, des familles, des individus : l'autre au contraire conduit par
la voye de justice à la prospérité des
Etats, à la multiplication de l'espèce,
(population toujours profitable, toujours apportant de nouvelles richesses,
parce qu'elle offre un surcroît de travaux) à l'extension des familles, au
bonheur des individus. Tout le lien
de ce cercle prospère, est l'union, la

concorde, l'aide réciproque, par le seul moyen de l'équité qui renferme la restitution des avances, l'exercice des droits & des devoirs, la connoissance & le respect de toutes les propriétés, & surtout celui de la propriété divine, qui est d'être le centre de tout amour, de toute justice, de toute bonté, & l'objet unique de toute adoration. Faut-il, Monsieur, faut-il après cela remettre sous vos yeux la marche de nos inductions calculées, l'origine des dépenses, leur source, leurs avances, leur distribution, leurs effets, leur reproduction, leurs rapports entr'elles, avec la population, avec l'agriculture, avec l'industrie, avec le commerce, avec les richesses d'une nation, la table enfin de ce qui fut profondement déduit dans nos livres,

& dont le réfultat vient de vous paffer
fous les yeux dans le manufcrit que
vous me rendez. Vous n'y trouverez
que la démonftration phyfique de ce
que je viens de vous dire, & les échelons de calcul qui doivent conduire
toute intelligence humaine aux grands
réfultats que je viens de vous développer.

P. C'eft ce que je trouve de plus
excellent dans votre fcience, c'eft qu'elle
rappelle & exécute cet ordre de notre
divin légiflateur, *finite parvulos venire
ad me*, laiffez les petits venir à moi.
Vous ne rejettez point le peuple, vous
voulez que tous les hommes foient éga-
dement admis à la connoiffance & à
la démonftration de leurs droits & de
leurs devoirs.

L. Et ceci nous ramène au troifième article de mon engagement qui eſt de juſtifier les conſéquences du ſyſtème économique rélativement à la religion que nous profeſſons. Cette univerſalité dont vous nous louez, ſingularité ſans doute ſi la ſcience de l'ordre naturel étoit regardée comme un ſyſtème philoſophique, eſt, je crois, ce qui nous rapproche le plus de la religion ; c'eſt du moins une preuve de notre bonne foi, & certainement ce que j'eſtime le plus dans nos diſcordances avec la fauſſe politique.

P. On n'a garde de vous confondre avec tous les gens à ſecret, mais plus votre morale eſt pure, complette, intéreſſante & ſolidement fondée, plus on prétendroit induire de là que cette morale & ſes conſéquences embraſſent toute la religion à laquelle no tre raifon éclairée peut confentir, que l'adoration du Dieu du Ciel, ainfi que l'appellent les lettrés de la Chine, la réfignation à fes ordres à nous annoncés par la nature, l'équité, le fentiment & les œuvres fraternelles envers les hommes, compofent tout le culte qu'exige de nous l'Etre Suprême, & que s'il en faut un extérieur ce n'eft que pour le peuple à qui l'appareil & les cérémonies en impofent toujours.

L. Pour le peuple? Oui fans doute, il lui faut une religion & des temples où l'hommage direct à l'auteur de tous les biens, la réunion de toutes les voix, & l'unité des prieres, ramènent la famille entière au fouvenir & à l'extérieur de cette égalité primitive & effentielle, dont Dieu de fa main

paternelle imprima le sceau respectable
sur la tête de tous ses enfans; il faut
un culte & des cérémonies au peuple,
& surtout à l'ordre du peuple le plus
inepte à connoitre & discerner les conséquences radicales de la vie, c'est-à-
dire, aux grands & aux puissans hé-
réditaires. Est-il rien de plus digne de
pitié que ces avortons d'indépendance
éphémére, dont le premier mécompte
est de croire gagner beaucoup à se-
couer le joug des rites dans leur jeu-
nesse; que mettent-ils à la place? rien
que des vapeurs à la longue, des so-
phismes & finalement des incertitudes
& des terreurs. Mais que de maux
ne font-ils pas sur leur route par le
désordre & l'abus frénetique & brutal
de tous les moyens que l'ordre social
mit dans leurs mains, combien d'at-

tentats contre leurs pareils & contre
eux mêmes; voila le peuple lâche &
féroce qu'il faudroit brider avec un
mors d'airain s'il étoit dans nos principes & dans le vrai de traiter un ordre d'hommes quelconque comme les
fauves. Mais ils font hommes plus
enfoncés dans l'erreur que les pauvres, puifqu'ils penfent comme eux
que l'opulence & fes attributs font le
bonheur, tandis qu'ils fentent tous les
jours le contraire, & par conféquent
plus à plaindre. Le même reméde fera bon à tous également, l'inftruction.
Par elle le peuple inftruit de fes droits
& de fes devoirs phyfiques, de leur
principe & de leurs conféquences, n'aura plus befoin des fuperftitions toujours
promtes à faifir, envelopper, régir
fon ignorance, amufer fon inquiétu-

tie, confoler fon dépouillement & abu-
fer de fa crédulité; par elle le riche
& le puiffant ne pourront, fans une
yvreffe brutale & généralement repri-
mée, faire aux autres & fe faire à
eux mêmes tout le mal que leur défen-
doit inutilement l'inftruction religieufe
qu'ils n'écoutent plus, & dont ils af-
fectent de dédaigner l'autorité.

P. Croyez-vous qu'ils refpectent d'a-
vantage la vôtre?

L. La nôtre? & qui fommes nous?
le laboureur, le meunier, le boulan-
ger. Nous leur donnons la loi du
pain & tout le refte s'y trouve.

P. Cependant ils y réfiftent aujourd'hui.

P. Et à quoi ne réfifte-t-on pas dans l'i-
vreffe, & la fauffe fcience en eft une; notre travail actuel eft de les défennivrer.

Tout tient à l'opinion, fans doute, ou comme inftituteur à ma maniere & fcrutateur des opinions, je puis dire que j'ai toujours trouvé le peuple qui fut à ma portée plus capable d'entendre & de fentir que les gens du monde, & fur-tout les favans. Ajoutez encore que je n'ai point le don de me mettre à la portée des fimples ; la Providence m'inftitua l'apôtre des échos: j'ai taché de me gêner, de m'affouplir à des méthodes, vous le voyez ; j'ai voulu ouvrir la carrière ; j'ai cru devoir le faire ; j'ai fait de mon mieux, mais ce n'eft point mon talent. Cependant j'ai toujours été mieux entendu (je ne dis pas écouté, mais entendu) des gens de la campagne ; ils s'étonnoient même de me voir m'échafauder pour fi peu. Rien ne fembloit nouveau pour eux, & cer-

tainement pour peu que la religion populaire en eut été attaquée, je me ferois aperçu que je les fcandalifois; forte de remarque pour laquelle j'ai le
tact très fin. Mais voyons de plus
près en quoi ceci peut contrafter avec
la religion revélée. Seroit-ce que nous
foumettons au calcul des devoirs in-
connus jufqu'à elle? Ce dernier point
n'eft pas vrai; la religion naturelle faifoit loi dans le cœur de l'homme; &
Dieu connoiffoit l'homme jufte, & re-
pouffoit l'homme coupable avant toute
révélation. Seroit-ce affoiblir la foi
que de mettre fes réfultats d'accord
avec la raifon phyfique des chofes & à
la portée de l'intelligence bornée? C'eft
ce qu'ont voulu faire tous les bons
prédicateurs de l'évangile, bien inf-
truits d'ailleurs qu'il refte dans la re-

ligion , ainsi que dans la nature , assez
de matiere à la soumission de l'esprit.
Seroit-ce que la révélation paroit tomber , où sa nécessité devient douteuse ,
& qu'elle est au moins douteuse sitôt
qu'on démontre que les loix de l'ordre
qui renferment tout ce qui peut rendre
l'homme obéissant , résigné , bon &
utile , étoient à la portée de l'homme
& de son expérience physique , sur sa
tête & à ses pieds ? & que serions-nous
nous - mêmes sans la révélation ? si
le système complet de la réunion des
devoirs physiques & moraux , des vertus physiques & morales , à partir de la
cendre végétale où fermente & s'amol-
lit l'écorce qui renferme le germe du
froment , & s'élever jusques aux pieds
du trône de l'Eternel , nous a si peu
couté ; si nous démêlons le foible de

ces hauts instituteurs des nations les plus célébres & les plus puissantes; seroit-ce à la force de nos lumieres isolées? Seroit-ce à l'avantage du calcul que nous le devions, si la trace avant nous n'avoit été toute frayée? la connoissance des droits & des devoirs tient à celle de la propriété sans doute; mais toujours les hommes eurent une idée de cette derniere, puisque seule elle peut être la régle de la justice, & que toujours & par-tout il y eut des tribunaux, & cependant ils s'égarerent dès le premier pas, & le moral leur échapa comme le physique? Seroit-ce à nous à révoquer en doute la mission des hommes grossiers qui se sont élévés de toute l'étendue de la charité au dessus du plus pur stoïcisme. C'est à ces jaloux éternels que je me suis acro-

ché pour étendre & développer la science, & c'eſt avec une ſatisfaction toujours nouvelle que j'ai trouvé, que j'ai
pu dire à mon camarade, à mon fermier, à mon pâtre, qu'il étoit vrai,
qu'il étoit clair que le pere Tout Puiſ-
ſant de mon ame étoit auſſi le pere
ſoigneux de mon corps : que la juſtice étoit également le régime ſalutaire
de l'une & de l'autre, de le dire & de
le prouver. A l'égard de la révélation, de ſa vérité, de ſes preuves,
de ſa profondeur, de ſes myſteres,
elle n'a pas beſoin de notre appui téméraire ; nous ramenons les hommes
à la ſoumiſſion par la voie de la raiſon, à la raiſon par le calcul de l'intérêt ; nous tendons à tout raprocher,
& loin de porter à l'eſprit de révolte
& d'orgueil nous penſons que rien ne

peut être

peut être dans l'homme, rien, dis-je, de bon, rien d'élevé, rien de fage, qui ne nous ait été revélé.

P. Je fuis plus que content, & depuis longtems je me reproche de vous en avoir trop dit.

L. C'eft peut-être parceque je vous en ai trop répondu, mais ne vous reprochez pas en ceci mon exubérence; diverfes circonftances m'avoient depuis quelque tems inquiété & préparé fur cet article. Dernièrement encore je reçus une lettre de mon plus ancien ami, homme fage & du fens le plus droit & le plus fain; au fujet de la ceffation des éphémérides, il me marquoit en propres termes; *Cet excellent journal fembloit fait pour trier dans les ouvrages des philofophes modernes le froment de l'ivraie & pour ga-*

L

rantir les vrais économistes des repro-
ches qui pourroient réjaillir sur eux,
s'ils étoient confondus avec les écrivains
qui s'éforcent de séparer la nature de
son auteur. Ce mot suppose la chose
possible, & n'a pas peu aidé à la réso-
lution que j'ai prise de m'expliquer
encore une fois sur cet article, sorte
d'exercice que je n'aime pas du tout;
mais il s'agit de la maladie de notre
siècle, il faut bien en subir le pré-
servatif.

P. A cet égard vous n'auriez qu'à
publier ce que vous venez de me dire. Il me ferme la bouche sur la seconde objection que j'avois à vous faire, attendu qu'elle paroît avoir quelque
adhérence avec ce genre là.

L. N'importe, j'ai fort à cœur de
connoitre les choses qui vous ont fait

quelque peine. Je ne saurois trouver de meilleur juge, entre les gens qui ont négligé de lire nos livres ; & quand vous m'aurez cité toutes les expressions qui vous auront au premier sens paru mériter quelque adoucissement, je serai rassuré du moins sur toutes les autres, ne pouvant, à cela près, prendre à tâche de parer à toutes les fausses délicatesses des ignorans.

P. Et bien donc, c'est une expression qui m'a paru crue au premier aspect dans votre chapitre des droits & des devoirs politiques. Vous dites, *tout est fondé sur la loi physique, même les vertus.*

L. Je vous en fais juge. Si l'on vous demandoit de désigner entre les vertus celle qui vous paroît être la première, ou pour mieux dire le sommaire de toutes les autres, laquelle choisiriez vous?

P. Ce seroit la justice, sans doute.

L. J'en conviens; & bien donc, quelle sorte d'exercice pourroit avoir la justice dans un tel état de société qu'un grand nombre des individus qui la composent se trouveroit privé par le désordre physique de la part & portion sur laquelle ils avoient du compter.

P. Je vous demanderai d'abord comment cela se peut faire.

L. Par le désordre social. Selon l'ordre naturel nul enfant ne doit naître & s'élever, que sur les avances que son père ou tout autre lui feront. Jusques-là sa portion est assurée. Une fois adulte, s'il a un supplément d'avances à consommer pendant un apprentissage qui ne peut être fructueux

pour lui qu'au futur, il vivra encore fur ces avances, deviendra habile,
& fon travail un jour payé à proportion de fa mife lui fera retrouver en falaires & la rentrée de fes
avances, & le profit de fon travail fur
lequel il vivra; s'il n'a ni avances ni
induftrie privilégiée, il ne pourra offrir
que l'emploi de fes forces, c'eft-à-dire, fon travail; il n'aura que le falaire d'un manœuvre groffier; mais
pourtant ce falaire journalier le fera vivre, & ce falaire eft fon patrimoine fur lequel il a droit de compter. Voila felon l'ordre l'état conftant
& affuré des chofes. En cet état la
juftice a fon jeu libre & fon emploi
facile, il ne s'agit pour elle que de
maintenir l'ordre & l'exécution des conventions naturelles, & tout va de foi-mê-

L 3

me. Mais dans le cas contraire quand les
dépenfes défordonnées prennent la vo-
gue, c'eft toujours elles qui décident
de la direction des travaux qui né-
ceffairement feront toujours à l'ordre
des dépenfes. Celles-ci, une fois dé-
routées, déroutent tous les travaux
& par conféquent tous les apprentif-
fages, & bientôt fe refufent à falarier
le travail groffier. Voilà d'abord une
confifcation de fait du patrimoine d'u-
ne très groffe portion des individus
qui compofent la famille fociale. Mais
la rupture de ces derniers anneaux
du cercle des travaux & des dépenfes tourne auffitôt en dégradation
du fond; d'ailleurs les dépenfes défordonnées, portées d'elles-mêmes aux
excès, accroiffent bientôt le défordre.
Le fond décroit à vuë d'œil, les dé-

penses sont forcées à se resserrer, &
leur resserrement proscrit tout autant
de travaux, frustre tout autant d'ap-
prentissages, jusques à ce qu'enfin tout
croule à la fois. Or voici le point
de ma question; vous jugez bien que
tandis qu'un malheureux état parcourt
ce cercle progressif de décroissance, entre les hommes qui subissent plus ou
moins lentement cet arrêt de proscrip-
tion, & qui se trouvent voués au sort
affreux de toute population surabon-
dante, il doit s'élever bien des querelles, & que la fraude & la violen-
ce doivent y régner tour à tour; je
vous demande ce que peut faire la justice pour remédier à tant de maux.

P. Elle doit redresser le principe,
arrêter le désordre & rétablir l'ordre
des dépenses.

L 4

L. Fort bien; je ne vous arrête-
rai point à la forme en vous deman-
dant comment cela se peut faire, car
cela nous meneroit à parcourir le plan
entier de la science sous peine de bron-
cher à chaque pas; mais je m'en tiens
au fond de votre réponse pour vous
montrer que vous-même, perdant de
vue le moral, oubliant le Ciel vengeur, l'enfer inévitable, la sanction de
la loi, la peine du crime, les remords
rongeurs, la satisfaction de bien faire, & autres motifs très réels, mais
qui n'ont de prise que sur les ames
rassurées sur la nécessité, vous courez
droit au principe physique, dont le
rétablissement seul peut ramener le règne de l'ordre & le pouvoir de la vertu.
Ai-je donc tort de dire que *tout dépend
du physique, même les vertus.*

P. Vous avez raison & je n'en dou-
tois point; mais ne pouvez-vous pas
donner à vos expreffions plus d'étendue, il faut compatir à la foibleffe des
ames fufceptibles, & ne pas donner prife
aux interprétations des efprits bouchés
& dévoyés.

L. Je vous le répète, vous ne nous
avez point lûs.   J'ai tort de dire *nous*,
car je fuis prefque le feul qui me fuis
fervi de ces expreffions que vous trou-
vez trop hardies; mais je me fuis expliqué en tant d'endroits fur leur principe & fur leur application qu'il eft impoffible que, fi l'on n'a mauvaife volonté, l'on me foupçonne d'équivoque
métaphyfique; rien n'eft fi loin de nous
qui ne calculons que les réalités phyfiques.

P. Il eft tout fimple qu'on fe fou-

vienne de foi-même, & qu'on fe rappelle tout ce qu'on a écrit, du moins
quant aux principes, mais il ne faut
pas toujours croire avoir été lû & furtout bien lû.

L. Auffi n'ai-je perdu aucune occafion dans le courant, de me dégager
en ce genre de l'allûre terre à terre,
qui pourtant eft celle qui nous eft prefcrite par la nature de notre travail.
Il m'en coute fi peu d'ailleurs pour
élever ma penfée, que j'aurois plus
de tort qu'un autre de matérialifer les
objes; mais il faut furtout les réa-
lifer; c'eft la fcience, c'eft la juftice;
à cela près, voyez ici même, dans
une forme de méthode naturellement
fi féche & fi racourcie, vous y trouverez néanmoins ces mots. *Si nous
écartons ou feignons d'écarter de notre*

étude la morale isolée de son principe physique, ce n'est pas que nous méconnoissions son influence divine, ce sentiment pur, qui annoblit l'homme, élève son intérêt & donne à l'amour de l'ordre l'odeur du culte & de l'encens. Qu'avez-vous à dire après cela?

P. Rien, je vous assure, & je suis satisfait.

L. Et moi j'ajoute encore que vous auriez pu remarquer que l'expression qui vous a paru crue, n'est que dans le quatrieme cours de *l'instruction populaire.* J'ai dit expressement que celui-là étoit réservé aux Lettrés en ce genre, c'est-à-dire à ceux qui se destinent aux emplois de l'administration. Or ceux-là nécessairement auront lû les ouvrages économiques, & étudié les livres classiques de la science; ils ne s'étonneront ni ne s'égareront par des expreſſions vraies qui ne ſeront plus inuſitées pour eux, & qui pour lors, à ce que j'eſpère, ſeront familières à tout le monde.

P. Ma troiſieme difficulté me tient plus à cœur. C'eſt ſur la co-propriété des fonds de terre que vous ſemblez attribuer au Souverain, opinion qui ne me paroît ni vraie ni prudente.

L. Oh pour le coup vous avez lû d'autres de nos ouvrages, ou cette prévention vous eſt venuë de quelqu'un, car, ſi je ne me trompe, ce que vous avez trouvé de plus fort ſur cet article dans *l'inſtruction populaire* c'eſt ceci, *je ne peux pas me mettre dans la tête que ma terre n'eſt pas à moi ſeul, qu'il y ait deux propriétés, celle du Souverain & la mienne dans le produit d'un même champ.* Cela ne dit que la co-propriété du produit net, & quant à celle-là pas un économiste ne vous la cédera; car c'est la pierre angulaire de tout l'édifice social économique. Je ne vous nierai pas que plusieurs d'entre nous & notre instituteur entr'autres qui pése plus à lui seul que tous les autres ensemble, n'y ajoute la co-propriété du fond, & ils ont de bonnes raisons prises dans la justice calculée sur les régles de l'ordre social.

P. Et lesquelles, je vous prie?

L. Vous savez que l'homme ne peut avoir de droit originaire & naturel au globe de la terre. Elle fut donnée au fils des hommes, mais en commun. Quand un homme dit, *cette terre est à moi & à moi tout seul*; & que les autres hommes le lui accordent, ce-

la ne peut dire autre chofe, finon j'ai
mis tout mon fait à cette terre là &
je ne l'en faurois féparer aujourd'hui,
ainfi donc j'ai la propriété du fite où
gît mon dépôt, & perfonne n'y peut
rien prétendre que de mon confentement il n'ait aquis mon dépôt, car
il me feroit injuftice, non pas de prendre le terrain qui fut à tous, mais
de s'emparer de mes avances qui en
font inféparables. Voilà le feul principe de ce genre de propriété à laquelle tous les hommes confentent,
1°. parceque cela eft jufte. 2°. parce
qu'ils ont tous intérêt à l'emploi que
je veux faire de ce terrain, (emploi
qui le rendra productif pour tous,)
& à la perfuafion que j'aurai que ce
terrain eft à moi pour toujours, puifqu'elle autorife ma confiance qui fera

que je mettrai tout pour faire valoir ce champ.

P. J'entends cela & l'approuve d'autant plus que cela fonde la propriété foncière en droit naturel, & non en droit de convention.

L. Il s'enfuit de là néanmoins que vous n'avez de droit naturel fur cette terre, que le produit de vos avances, & que tout ce que vous y prétendez au-delà, & que l'ufage même vous autorife à y prétendre, n'eft que d'ufage & d'opinion. Or dans le produit de votre terre *les avances fouveraines* n'y font-elles rien?

P. Qu'entendez-vous par là, je vous prie? eft-ce la juftice, la police & la défenfe qui font que mon champ n'eft point envahi?

L. Non, je ne les fais point entrer

dans ceci, ni même l'*instruction* que je considére comme faisant partie de la police, mais les chemins, les pavés, les canaux, les débouchés enfin, sans lesquels vos produits invendus ne pourroient renaître, mais les travaux publics qui empêchent vos fonds ou d'être inondés ou d'être emportés, tout cela & tant d'autres points inutiles à déduire, n'entre-t-il pas pour une part considérable dans les avances qui font produire votre terre.

P. Ne confondons pas, je vous prie, il me semble que les premiers objets que vous avez mis hors de rang dans cette question, tels que la justice, la police &c. font vraiment ce qu'on peut appeller *avances souveraines* à parler votre langage néanmoins, car on pourroit, naturellement parlant, les regarder comme services qui ont une solde ou portion convenue. Mais je conçois l'inconvénient qu'il y auroit à ne considérer la souveraineté que comme un service. Je dis donc que ce sont là les avances souveraines & que comme telles elles doivent avoir une part à retirer sur le produit. Mais quant aux travaux publics dans votre système fiscal même (qui est le bon) à savoir que le souverain ait sa part réglée sur le produit net, part qui croisse & décroisse avec ce produit, je re-garderai les travaux dont vous me par-lez comme des suites d'un arrangement qui intéresse la puissance publique à vo-tre produit particulier, & dont elle est récompensée par le produit de mon travail.

L. Regardez-les comme il vous plaira, ce feront toujours des avances appliquées à la confervation ou bonification de votre champ; & comme ce font de telles avances qui font votre droit à la propriété de votre champ, de pareilles avances doivent faire le droit du Souverain à la co-propriété.

P. Votre fermier avec fes avances primitives coopére bien plus directement au produit de votre champ, auffi a-t-il fa part fur le produit, mais il n'en prétend aucune à la propriété du fond.

L. Prenez garde; le poffeffeur des avances primitives n'a rien à prétendre au fond, parce que ces richeffes n'en font point inféparables; ainfi quoique la coopération au travail productif foit directe, fon droit ne peut porter que fur le produit, comme celui de tous les autres travaux, qui tous y coopèrent par adhérence plus ou moins directement, mais toujours inévitablement. L'inamovibilité des avances est, comme nous l'avons vu, le seul titre naturel à la propriété foncière, mais ce titre ne sauroit sans injustice & désordre être frustré, & c'est ce titre qui donne aux avances souveraines droit à la co-propriété du fond, puisque ces avances en travaux tels que nous venons de les dire sont réellement inséparables du lieu où elles furent placées, & qu'elles ont pour objet & pour effet la commodité & l'exploitation des fonds.

P. Mais ce que vous appellez ici *avances souveraines* sont, elles mêmes, le fruit de ce dont vous leur voulez attribuer le fond, car sans cela, où le Souverain les auroit-il prises ?

L. Ne confondons pas le Souverain & la souveraineté. Sans contredit les Souverains des Etats, tels que vous les voyez aujourd'hui, n'ont de richesses que les tributs; ces tributs font une portion des revenus & par conséquent des fruits de la terre; ainsi ce font les produits qui font les avances, mais tout fait cercle dans la nature, comme vous le savez. Toute la science consiste à bien discerner le commencement dans ce cercle, l'erreur consiste à s'y méprendre. Prenons donc la souveraineté à sa source; elle exista avant le Souverain; elle sortit toute armée du sein de la justice naturelle & nécessaire; elle régna dans la première famille qui commença la première société. Supposez cette famille seule & se faisant un patrimoine par son travail. Elle arrache, elle épierre re, elle défriche, elle unit le terrain ; voila les avances foncières & le titre à la proprieté. Il lui faut un canal pour conduire l'eau d'un ruisseau voisin au sein de son domicile, & une partie de ce canal est au-dehors de son domaine & par conséquent de sa proprieté, il lui faut un chemin pour amener plus aisément avec ses bêtes de somme le bois de la forêt voisine. A qui appartiennent ce canal & ce chemin hors du domaine de la famille ?

P. A celui qui les a faits, sans doute ?

L. Mais qui est-ce qui les a faits ?

P. La famille en corps, comme les autres travaux.

L. Mais il me semble que quant aux autres travaux, l'on s'est partagé les soins domestiques ; les enfans ont gardé les bestiaux ; les forts ont abattu

les foibles ont fagotté, & les patiens
ont défriché.

P. Et bien les forts & les patiens ont
fait le canal & le chemin.

L. Ils leur appartiennent donc à eux
tous seuls.

P. Non, car tout ce qui se fait par
la famille est pour le corps entier de la
famille.

L. Et si tout-à-coup l'on disoit au
fort, *l'entretien & le perfectionnement
du chemin & du canal sera désormais votre affaire, nous fournirons la contribution pour les frais sur laquelle roulera votre entretien, mais désormais vous n'aurez plus aucun droit sur la proprieté du
domaine.*

P. On lui feroit tort tant que l'héritage commun seroit censé appartenir
à tous par indivis; mais sitôt que la

famille subdivisée en différentes branches en viendroit au partage qui implique renoncement à tout le reste. ...

L. Et bien n'auroit-il pas droit à
avoir sa part?

P. Je le veux, mais ici vous prétendez pour lui un droit de co-proprieté à
toutes les parts.

L. Sans doute, & voici pourquoi, *frères, diroit-il, vous voulez me donner une part, j'en serois content comme les autres, si vous ne m'occupiez ailleurs pour le bien général du domaine; mais tandis qu'il vous est utile de partager, parce que chacun de vous est libre de va- quer à sa chose particulière, le partage me nuit à moi, qui, occupé désormais pour le bien de tous, devient par cet ar- rangement étranger à tous & serviteur de tous. Ainsi donc ce partage qui fit loi &*

titre pour chacun de vous doit, selon la justice, être censé comme non-avenu par rapport à moi ; j'étois part-prenant naturel à la propriété du domaine, & je le suis encore au même titre, ou si quelqu'un de vous veut me priver de mon droit, qu'il renonce à passer sur ce chemin qui est à vous tous, & non point à moi seul, quoique seul j'en aye l'entretien & la jurisdiction active, qu'il renonce à l'usage du ruisseau.

P. Votre principe de droit en ceci n'est-il pas un peu métaphysique ?

L. Rien de métaphysique, Monsieur, dans l'ordre naturel & économique des droits & des devoirs ; dans la justice par principe & par essence. Les *avances souveraines* ne font point celles du Souverain, mais celles de la souveraineté, c'est-à-dire de la famille. Le Souverain propriéproprietaire de la souveraineté l'eſt de tout ce qui appartient en commun à la famille ; chaque individu n'a pu s'en réſerver que l'uſufruit quant à la juriſdiction, quoiqu'il ait titre à la co-propriété. De même le Souverain a renoncé à toute jurisdiction ſur les propriétés foncières, quoiqu'il ait titre à la co-propriété.

P. Je ne ſuis pas verſé comme vous dans ces ſortes de matières ; mais, ſelon vous-même, le réſultat de la juſtice, rélativement aux hommes, doit être leur raprochement, il ne peut provenir que de la confiance ; or trouvez-vous un principe plus propre à effrayer les propriétaires que celui de leur donner un co-partageant à leurs droits, tel que le Souverain qui ne va point ſans ſes gens.

M

L. Toutes les inquiétudes & les terreurs rélatives à l'état actuel des sociétés font dans la nature même des choses, & réfultantes de l'état d'ignorance & de défordre invétéré. Il fallut bien, en commençant la démonftration de ces grandes vérités, s'attendre & fe réfigner à heurter de front tous les préjugés à la fois & de part & d'autre, à les effaroucher, à les ameuter; mais il n'eft pas permis de compofer avec la vérité. Le fuccès du plus grand nombre de principes tranchants que nous avons annoncés doit nous raffurer fur le tout. Quant à l'objet de vos craintes, confidérez-le, s'il vous plaît, des deux points de vue oppofés, car c'eft la méthode néceffaire de la prudence. Pour décider de laquelle des deux parts ou du propriétaire ou du Souverain,

doit être la répugnance pour l'énonciation claire & précise de la loi de l'ordre, il s'agit de décider de quel côté
panche la balance du droit actuel.

P. Je vous entends. Il n'est pas question, selon vous, de savoir si les Souverains étudient la thèse du droit, puisque mettant le fait de leur côté, ils
prennent tout, & que ceux-mêmes qui
en usent autrement pensent faire grace. Or je réponds à cela, que la con-
fusion du fait & du droit seroit une
mauvaise & dangereuse manière de rai-
sonner ; que l'opinion & le sentiment
naturel de la justice opposoient toujours la *vigne de Naboth*, le droit de
la propriété &c. que vous êtes venu
éclairer, corroborer ce principe, & en
développer les conséquences, & que
vous détruisez votre propre ouvrage en

le mélangeant aujourd'hui de cette co-
propriété.

L. Penſeriez-vous, comme autre-
fois le vulgaire des lecteurs, que nous
avons voulu privilégier la propriété
foncière. C'eſt là propriété purement
dite qui eſt la baſe de tout droit, & la
propriété foncière n'en eſt que le réſultat. Nous avons dit, il eſt vrai, combien il étoit important qu'elle fût im-
mune & ſacrée comme toutes les autres, mais uniquement parce que chacun devoit avoir ſa part ſur ces fruits.

P. Et bien, c'eſt à cette immunité
que vous attentez, à ce qu'il ſemble,
en aſſociant le propriétaire au Souverain.

L. Pourvu que ce ne ſoit qu'en ſem-
blant, qu'avez-vous à dire ? Or je
vous demande, le propriétaire avoit-il

compté acheter une souveraineté ou en hériter; s'il ne connoissoit ni le Souverain, ni l'impôt, tant pis pour lui; car il étoit au plus dur état de l'ignorance, qui est de voir l'injustice à tout & partout; mais il payoit l'impôt de fait & d'obligation & par conséquent ne le possédoit pas, & tandis qu'il croyoit à lui tout seul toute sa terre, le Souverain de son côté croyoit à lui tout seul toute la province, & d'un souffle à la moindre résistance l'auroit écrasé. Mais quand vous préférez l'ancienne condition, vous ne vous en rappellez pas toute l'étendue : ce *domaine éminent* que les publiscites & les jurisconsultes ont accordé aux Souverains, & jusques où leur politique dépourvue de base en a porté les prérogatives. Encore ces hommes renommés pour leur can-

deur & leur courage afcétique pen-
foient-ils en cela fe dévouer en quelque forte pour rendre témoignage à l'é-
quité naturelle ! que feroit - ce donc fi
nous ouvrions les recueils de tant d'o-
racles vendus de la jurifprudence paffée & préfente, qui ne laiffent qu'u-
ne propriété précaire & d'ufufruit
aux fujets, à tant de flateurs qui ont
fait dire dans le tems à cet homme cé-
lèbre : *fi omnia permiffa funt principi,
quid erit Dei*, fi tout eft au Prince,
qu'eft-ce donc que Dieu s'eft réfervé.
Les funeftes maximes qui irritoient ce
grand homme font encore vivantes
dans bien des Cours. Tandis que l'un
murmure dans fon coin, tandis que
de loin l'autre le dépouille, cela va
comme l'on voit les chofes aller, mais
non pas vers le raprochement, à ce qu'il

me femble ; il s'agit donc de réunir ces deux parties à l'ordre de la nature ; je vous demande aux dépends de qui rélativement à ces deux erreurs contre-pointées fe fait ici la réunion , & fi c'eft au propriétaire à fe plaindre de la loi de l'ordre , telle que je l'ai démontrée ci-deffus.

P. Prenez garde , vous rentrez dans le fait ; mais ce fait étoit une ufurpation manifefte qui ne peut prefcrire , & contre laquelle le droit naturel protefte toujours ; au lieu qu'aujourd'hui en vertu de fa co-propriété foncière , le Souverain va avoir droit à s'ingérer dans la manutention de mon fond , à juger du bon ou mauvais ufage , à en ordonner , à me traiter comme fon fermier , & mon titre de propriétaire eft précaire déformais.

M 4

L. Un moment. Vous avez sans doute aprouvé la loi fiscale, telle que nous
l'avons prononcée d'après l'ordre naturel.

P. Sans doute, & c'est de tout le plan
économique ce qui me paroît le plus
important & le plus néceffaire au bien
général de l'humanité.

L. Ce plan porte néanmoins fur la
co-propriété fouveraine du produit net.

P. Je l'avoue, & je vous le paffe.

L. Toutefois cette co-propriété mettroit bien auffi, felon vos terreurs, le
Souverain en droit de s'immifcer dans
l'ufage que vous faites de votre terre ;
car une terraffe, qui ne rapporte rien,
lui vaudroit deux boiffeaux de blé, fi
elle vous en valoit vingt cinq de produit total & dix de produit net. Mais
ce n'eft pas ainfi qu'il faut envifager,

par les difficultés de détail, le plan de
l'ordre qui dans son ensemble pourvoit à tout. D'abord *la propriété* y est
annoncée dans toute sa pompe, dans
toute sa dignité; l'on la voit sortir du
sein de l'essence divine, revêtue d'une
autorité créatrice, & faisant loi primitive, dont la sanction est conférée à la
nature bienfaitrice, ou vengeresse infaillible, selon que l'homme veut être
obéissant ou réfractaire. La propriété
inviolable de la personne amène la propriété inviolable des acquêts, & l'une
& l'autre ensemble marquent du sceau
de l'autorité divine la propriété foncière enfin, dont l'immunité & l'indépendance tiennent la clef de la source des subsistances qui doivent se ré-
pandre sur la masse entière du genre
humain. Au milieu & au-dessus de tou-

tes ces propriétés combinées, & néanmoins toujours aifées à démèler, s'é-
lève, mais feulement pour les maintenir & les défendre, la propriété fouveraine qu'en langage figuré l'on appel-
leroit *la part du Ciel*, c'eft en effet la
part de la juftice. Il faut qu'elle foit
dominante dans un état ; par l'inftruction elle attirera & multipliera les bons;
par la force elle contiendra les méchans.
Tel eft l'emploi de cette part qui folde
les frais des agens de la juftice dominante ; ce n'eft point aux hommes à la
faire cette part, ce n'eft point à eux à
donner ; la juftice a tout réglé.

P. Permettez que je vous arrête.
Rien n'eft fi dangereux & fi repouffant,
dans des tems de défordres vifibles &
cumulés, que ces expreffions tranchan-
tes, qui éloignent de vous tous les ci-

toyens bien intentionnés & qui déplorent les abus présens & prévoyent les misères futures. Toutes nos nations ont subsisté & jouï de l'union & de la splendeur, sous la forme de réunion nécessaire entre le prince & ses sujets, dans tous les cas majeurs, de secours demandés par les premiers, de concessions volontaires & abondantes faites par les derniers; de zèle & d'amour réciproque résultant du raprochement passager du prince & des sujets, zèle éteint aujourd'hui par la bassesse, la flatterie, l'orgueil & tous les assortimens de la cupidité & de la servitude : ce n'est point de-là, ce n'est pas de ces assemblées que sont sortis l'esprit fiscal, la graine vivace & purulente des traitans, les emprunts d'Etat, l'agio, les créations de charges, & tant d'autres

scorbutiques irritans de la circulation
paffagère, qui ont corrompu la maffe
des Etats. Les députés des nations s'af-
fembloient, concouroient au but général, offroient leurs cahiers & leurs
doléances, & quant à l'objet préfent
accordoient les plus fortes fubventions
felon les circonftances, fans jamais fti-
puler pour les générations futures que
l'antique & raifonnable immunité. Hélas! vous réprouvez d'un mot ces faf-
tes honorables du concert focial, vous
voulez unir & . . . .

L. Ne nous écartons point des principes ; je vous prie, fans cela nous ne
tenons rien. Qui vous a dit que nous
réprouvions les affemblées nationales:
vous auroit-on dit encore que parce
que nous ne voulons que la monarchie, nous voulons que le prince lui

tout feul faffe tout ? il n'en eft rien,
bien au contraire ; tout concert entre
le prince & les fujets, & tout ce qui y
tend, eft favorable & néceffaire ; mais
nous prohibons aux uns & aux autres
le droit de prononcer fur l'impôt, parce que ce feroit leur livrer la propriété, les droits & les devoirs, tout enfin ce que Dieu s'eft réfervé à lui-même, tout ce qu'il nous prefcrit par
l'ordre phyfique, fous peine de def-
truction & de mort. Je ne répondrai
point à vos exemples par des exemples, nous ne finirions pas. Peut - être
feroit - il aifé de trouver aujourd'hui
des peuples que les affemblées nationales ont conduit à l'excès du défordre,
provenant de l'abus des emprunts d'E-
tat & des impofitions indirectes ; peut-
être en eft - il d'autres que ces affem-

blées & leur pouvoir ont conduit à l'a-
narchie & au démembrement ; mais encore un coup, laiſſons les exemples.
La ſcience de l'ordre naturel, décou-
verte depuis peu, doit fonder & con-
ſolider des Etats, non pour des luſ-
tres, des olympiades, & autres périodes hiſtoriques de l'oiſeau ſur la bran-
che, mais pour des ſiécles & juſques
aux révolutions majeures du globe que
nous habitons. Les monarchies d'aujourd'hui ont duré, dit-on, pluſieurs
ſiécles ; oui, les montagnes n'ont pas
changé de place, mais le régime, mais
le fond, mais la forme, mais les loix,
mais les mœurs ? L'on compteroit qua-
torze monarchies ſucceſſives, conqué-
rantes, diſtinctes & ſéparées en traces
de ſang & de feu, dans l'unité prétendue de celles qui vantent le plus leur

antiquité. Si la vérité eſt une, combien de manières d'être fatigantes & deſtructives contre une bonne, ſuppoſé encore qu'on l'eut trouvée. Laiſſons cela. Le pire des déſordres ſociaux, ſans doute, eſt une ſoit diſant conſtitution d'Etat où le Prince croit pouvoir impoſer à volonté & meſurer la contribution de ſes ſujets ſur ſes beſoins, c'eſt-à-dire, ſur ceux de tous les raviſſeurs qui néceſſairement l'entourent, beſoins intitulés *beſoins de l'Etat*; vous ne nierez pas ce point-là & la vérité en eſt palpable. Cette forme de pillage graduel, circulaire, & bientôt univerſel, qui dévaſte un empire & le réduit à la conſtitution des Etats barbareſques, eſt néanmoins le terme néceſſaire de l'opinion pratique que le peuple peut concéder; car il s'enſuit

qu'il peut refufer. S'il refufe, il faut
que le Souverain céde ou qu'il l'emporte ; fi le Souverain l'emporte, le terme
de fes conquêtes fera l'état dont nous
parlions tout à l'heure ; s'il céde, c'eft
alors le peuple ou fes repréfentans qui
gagnent du terrain , & le propre de
l'homme eft de vouloir toujours gagner ; on ne s'arrêtera qu'à l'anarchie
qui rentre encore dans l'état ci-deffus.
Si le peuple au contraire accorde fans
ceffe & n'a dans fes repréfentans que
des organes de fa docilité, la cupidité
du fifc & de fes part-prenants trouvera
bien-tôt le bout de leur patience ; car
tout a fon terme enfin , furtout pour
qui ne connut & ne calcula jamais les
barrières phyfiques , & ce terme eft
ceci, l'on fait quel il eft. Notre plan,
conforme en entier à celui de la natu-

re, tend furtout à établir l'efprit de famille pour efprit national. Il eft donc
bien éloigné de réprouver les affemblées, foit provinciales foit nationales,
exemples furtout de grands frais, &
propres à entretenir le concours d'idées
& de correfpondances entre le père &
les enfans, à lui défigner les plus pref-
fans objets, foit d'amélioration foit de
confervation à le foulager des détails fi
délicats de la perception de l'impôt, à
établir & perpétuer enfin la confiance
réciproque, mère du raifonnable amour.
Mais il prohibe à tous la jurifdiction
de l'impôt, parce que cette queftion
eft renfermée dans la grande loi de la
propriété, fortie toute faite du fein de
l'Eternel, & par lui confiée à la nature. Nous foutenons la co-propriété des
fonds acquife de droit à la fouveraine-

té, par les raisons que je vous ai dé-
duites ci-dessus, & nous ne la croyons
nullement dangereuse, parce qu'il n'a
sa part que sur le produit net, de même que le propriétaire en cette qualité n'a que le produit net. A la vérité
le propriétaire a la disposition pleine &
entière, à lui tout seul, de son champ;
ainsi n'avons-nous pas dit que le Souverain fut co-propriétaire de la jurifdiction des fonds, de même que le propriétaire foncier, co-propriétaire comme tout autre du patrimoine public
des chemins, rues, places, canaux &c.
n'a nulle jurifdiction sur tout cela, parce que chacun a son métier & son emploi dans la société, que l'ordre naturel a réglé les jurifdictions, & que
rien n'est si dangereux que ce qui tend
à les faire empiéter les unes sur les au-

tres. L'intérêt particulier, maffe mobile & qui d'elle - même devient compacte pour former l'intérêt public, eft le feul aiguillon dominant qui ait droit de provoquer tous les part-prenants à cet intérêt, & la fouveraineté n'y intervient que dans le cas où la réclamation du tiers lezé requiert que l'on faffe régner la juftice.

P. Je vous entends, je vous fuis, je confens même, & néanmoins je réfifte. Tant d'autres auront moins de docilité que moi, que je me crois en droit de vous conjurer de ne mettre point en avant des vérités fi dures, jufques à ce que les efprits ayent reçu celles qui les entourent & les encadrent, pour ainfi dire, de manière à leur fervir comme de préfervatif, vous favez qu'on abufe de tout en des tems mal-

heureux, & je crains que vous n'affoi-
bliffiez l'idée de la propriété, en attendant l'inftruction générale qui doit
lui rendre toute fa force.

L. Ces grandes vérités auftères, qui
émanent des irréfragables loix de l'ordre naturel, effrayent, je le fais, nos
efprits qui n'ont & ne fauroient avoir
d'idées en ce genre, qu'extraites de l'é-
tat de défordre, puifque nous ne con-
noiffons & ne pouvons connoître que
cela. On peut tout craindre ; auffi
avons-nous obfervé de ménager beaucoup cette expreffion, & je doute encore une fois que vous la trouviez exactement dans toute l'inftruction populaire.

P. Vous dites que *le Souverain peut*
être propiétaire particulier de fonds
comme un autre, mais que ces deux qua-

lités n'ont rien de commun. Je défirerois que vous euffiez touché en paffant quelque chofe d'un principe du droit public ancien, & que je crois falutaire & conforme à l'ordre naturel, à favoir que le domaine particulier du Souverain doit fervir à fon entretien & à celui de fa famille, de manière que l'impôt provenant de la contribution du peuple foit tout entier confacré à fon objet naturel, qui eft l'avantage du peuple.

L. Et où cela nous mène-t-il, je vous prie? qui, felon vous, doit veiller à l'exécution de cette loi?

P. Qui? ceux que vous prépofez à la fauvegarde de toutes les autres; l'inftruction publique, le préjugé général & bien fondé.

L. Ce n'eft pas à moi à récufer cette fauvegarde qu'on nous a tant reprochée; mais toute fa force confifte dans le dernier mot que vous avez dit; il faut, pour que la réclamation publique ait force, qu'elle foit *bien fondée*, & celle-là ne l'eft pas.

P. Expliquez-moi ceci, je vous prie.

L. Elle eft dangereufe par les confé-quences, un mot vous le prouvera; car fi le peuple a le droit de régler l'emploi de l'impôt, le Souverain aura celui de régler l'emploi des fonds; & voila tou-tes les propriétés & toutes les jurifdic-tions qui vont empiétant les unes fur les autres. Arrètez - vous un moment fur cette difficulté, confidérée comme fondamentale, elle vous aidera à écar-ter toutes les difficultés de détail, que le fouvenir, la préfence & la prévoyàn-ce des abus vous offriront fans nom-bre. Enfuite, je fuppofe la chofe exécutable ; vous voulez donc induire le Souverain à épargner fur l'impôt pour acheter beaucoup de terres, pour foutenir fon fafte & celui de fa famille, qu'arrivera-t-il de-là ? ce qu'il arrive dans tout héritage, ou que, fuivant le plan, le Souverain & fa famille fubdivifée acquerront toutes les terres, devenues vaftes & négligés domaines de grands Seigneurs, ou que dans le fens contraire ils le diffiperont, & arriveront de la forte au pied du mur de la loi, forcés à l'enfraindre, où à l'hipothèfe ridicule de régner le bâton blanc à la main. Ne vaut-il pas mieux (en fuppofant que la chofe fut à notre choix, & que l'ordre naturel des propriétés n'eut pas prononcé) que le Souverain foit propriétaire abfolu de fa part, comme tous les autres, & qu'il n'ait, comme tous les autres, pour mobile de fa bonne conduite que fon intérèt, devenu vifible par l'inftruction publique & générale.

P. Quelle eft donc la loi de l'ordre en ceci?

L. Elle eft claire & fimple. Le Souverain qui poffède des terres eft propriétaire particulier & privé de fon domaine, comme tous les autres, & il a pour co-propriétaire, comme tous les autres, la fouveraineté dont il ne peut ni vendre ni engager la part, mais feulement celle du propriétaire privé.

P. Quoi donc je ne puis vendre toute ma terre?

L. Non, Monfieur, vous n'en vendez ni l'impôt, ni la dixme, portion d'impôt défordonnée & par conféquent injufte, & qui s'élève néanmoins nonobftant nobstant tout contract de vente , également sur Jaques que sur Paul son devancier.

P. Voila bien des nouveautés que vous rapportez à l'instruction générale pour nous apprendre à y avoir égard : mais ne comptez-vous pas beaucoup trop sur la raison des princes ?

L. Mais à défaut de cette confiance, ne compteriez-vous pas beaucoup trop sur celle des peuples ?

P. L'une est la raison générale, l'autre une raison particuliere, il n'y a pas de parité. D'ailleurs le besoin & le travail sont la véritable école des hommes.

L. Quant à ce qui est de la raison générale, permettez que je n'y compte qu'au moyen d'une bonne & générale instruction bien suivie. D'ailleurs ne diroit-on pas que le prince est seul ; c'est

N

l'homme du monde qui l'eſt le moins juſques dans ſa chambre. On y flatte, il eſt vrai, le moindre de ſes ſignes, mais la raiſon générale décide de la forme même de ſes propres courtiſans. Au reſte il n'eſt point queſtion ici de la forme conſtitutive du gouvernément, qui ne ſauroit être trop ferme, trop ſtable, & trop compoſé de manière à exciter l'émulation, & celle ſurtout de l'inſtruction. Le beſoin & le travail du peuple & celui du Souverain ne ſont pas les mêmes ſans doute ; mais le dernier eſt le plus fort & le plus pénible, & le beſoin & le travail reſpectif par le moyen de l'inſtruction apprendront à s'entrechérir & reſpecter l'un l'autre, ce ſera le terme ; mais il faut commencer.

P. Et cette inſtruction confiée au prince ſera dépravée ſous un prince dépravé, sera négligée sous un prince négligent.

L. Dépravée ? non ; cela ne peut être ; la vertu attire & saisit au premier aspect l'homme même qui n'y mord pas ; mais il n'en est pas de même du vice, il a besoin de tous ces assortimens & de l'irritation de nos appétits désordonnés pour entraîner l'homme. Le mensonge, l'ingratitude & l'injustice, ne prennent point par l'instruction l'homme surtout qui reçut de bons principes : quant à ce qui est de négligée, ce qui par degrés la conduiroit à dégénérer & à pervertir, j'avoue que la chose est possible & qu'elle doit même arriver plus ou moins. La société pour lors dépérira ; nous n'avons pas prétendu atteindre au point de la perfection dans les choses humaines, ce seroit folie & orgueil. Alors donc l'on tendra à se redresser ; je crois que nous en aurions besoin aujourd'hui. Daignez reprendre notre instruction en entier, voir d'où nous partons, voir où elle nous mèneroit, & chercher seulement à y ajouter ce que pourroient indiquer de plus, toujours sur la voye de l'ordre naturel, des hommes politiques & soumis en tout aux volontés de la Providence. Mais surtout que votre inquiétude pour le patrimoine privé ne vous fasse pas perdre de vue le patrimoine public, car l'un ne peut exister sans l'autre, & ils ne doivent avoir l'un & l'autre d'autre mesure que celle que fournit la reproduction annuelle des richesses. Or la reproduction annuelle des richesses ne peut subsister dans sa plus grande prospérité, que par cette mesure même observée fidélement ; ainsi le patrimoine privé & le patrimoine public doivent toujours accroitre l'un & l'autre en raifon de l'accroiffement de la reproduction annuelle des richeffes. Si on veut excéder de part ou d'autre les bornes de cette mefure, prefcrites rigoureufement par l'ordre naturel, le revenu des fujets, le patrimoine public & les forces de l'Etat, tombent dans le dépériffement.

TABLE.

PREMIERE PARTIE.

SECONDE PARTIE.

TROISIEME PARTIE.

Fin de la table.

APPROBATION.

J'Ai lu cet ouvrage sur les droits ou les devoirs de l'homme, & n'y ai rien trouvé qui puisse en empêcher l'impression, le 14 Avril 1773,

DE BONS Professeur & Censeur.